석학
人文
강좌
05

법과 사회와 인권

석학人文강좌 **05**

법과 사회와 인권

2009년 9월 28일 초판 1쇄 발행

2016년 10월 24일 초판 3쇄 발행

지은이 안경환

펴낸이 한철희

펴낸곳 주식회사 돌베개

책임편집 최양순 · 이경아

편집 조성웅 · 김희진 · 김형렬 · 오경철 · 신귀영

디자인 이은정 · 박정영

디자인기획 민진기디자인

등록 1979년 8월 25일 제406-2003-000018호

주소 (10881) 경기도 파주시 회동길 77-20 (문발동)

전화 (031) 955-5020

팩스 (031) 955-5050

홈페이지 www.dolbegae.co.kr

전자우편 book@dolbegae.co.kr

ISBN 978-89-7199-350-7 94340

ISBN 978-89-7199-331-6 (세트)

이 도서의 국립중앙도서관 출판시도서목록(CIP)은

e-CIP 홈페이지(http://www.nl.go.kr/ecip)에서

이용하실 수 있습니다. (CIP제어번호: CIP2009002791)

석학
人文
강좌
05

법과 사회와 인권

안경환 지음

돌베개

책머리에

사회는 인간의 생활 공동체다. 어떤 사회든지 그 사회의 근본 가치를 실현하기 위한 규범이 탄생하기 마련이다. 그 규범을 총칭해서 넓은 의미의 법이라고 부를 수도 있다. 법은 사회의 산물이고 그 사회의 모습을 반영하는 거울이다. 윤리나 도덕이 강제력을 수반하지 않는 자율 규범이라면, 전형적인 의미의 법은 강제력이 수반되는 규범이다. 사회가 발전하면서 법의 중심 기능이 인간 행위의 규율을 통한 질서 유지에서 인간의 권리(인권)를 적극적으로 보장하는 일로 이동했다.

이 책은 이러한 내용을 전문가가 아닌 일반 독자를 유념해서 쓴 글이다. 어느 학문 분야에서나 전문가의 몫과 상식인 내지는 교양인의 몫이 따로 있다. 인문학도, 법학도 마찬가지다. 다만 인문학은 타 학문에 비해 교양인의 몫이 크다는 특징이 있다. 법학도 근본 속성은 마찬가지여야 한다. 따지고 보면 법의 기초는 다름 아닌 공동체를 사는 평균인의 건전한 이상과 상식이기 때문이다. 심오한 이론이나 세세한 법조문의 내용과 의미를 파고드는 작업은 전문가의 몫이지만, 인간의 공동생활에서 발생하는 갈등을 푸는 방법과 지혜는 원숙한 인간이라면 누구나 갖출 수 있다.

이 책은 전체 4장으로 나누어 건전한 사회인의 상식과 교양으로서의 법과 인권의 문제를 다룬다. 1장에서는 흔히 '법'으로 통칭되는 사회규범의 다양한 의미를 더듬어 본다. 이어서 고대법의 기록을 일별해 법의 역사적 연원을 추적하고, 고대 사상가들의 저술에 나타난 국가와 법규범의 상관관계를 고찰한다. 2장에서는 현대 사회에서의 법의 역할과 인권의 의미를 간략하게 살펴본다. 현대 사회는 법을 통해 일상적 정의를 구현하는 평화의 시대다. 따라서 법과 인권의 충돌이라는 종래의 패러다임이 '법을 통한 인권의 보장'이라는 새로운 패러다임으로 대체되었다. 자유와 평등, 자유주의와 공동체주의 사이의 이념적 조화라는 과제를 사회 개혁 수단으로서의 법, 복지국가와 사회적 권리 등의 문제를 헌법 원리에 맞추어 논의한다.

3장에서는 한국 사회의 특성에 유념하면서 법과 인권 문제를 분석한다. 우리나라는 국제사회에서 단기간에 걸친 경제 성장과 정치적 민주화를 동시에 이룬 나라로 평가받는다. 이러한 '압축 성장'에 수반해서 나타난 각종 사회현상은 매우 다양한 법적 · 인권적 담론을 주문한다. '사회적 권리'의 실현, 결혼 이주자 · 이주 근로자 등 다문화 사회가 도래한 데 따른 새로운 논제를 언론, NGO, 정당, 사법부 등 정치적 · 사회적 기관의 역할과 관련지어서 조명한다.

마지막 장에서는 초국가적인, 인류의 보편적 권리로서의 인권 개념의 연원과 발전 과정을 일별하고, 특히 제1 · 2차 세계대전을 전후해서 등장한 국제적 인권 보장체계를 상술한다.

이 책은 한국학술진흥재단이 주관한 '석학과 함께하는 인문강좌'의 일환으로 2008년 5월과 6월에 시행한 대중 강연 원고를 바탕으로 했고, 그에 앞서 여러 매체를 통해 발표했던 글들을 단행본의 체제와 목적에 맞추어 수정, 편집했다. 공직 재임 기간 중에 일과 밖의 옹색한 시간에 매달린 작업이라 학술 저술로서의 정교함이나 완결성이 모자라는 아쉬움이 남는다. 문헌 인용과 색인 작성 등 마무리 작업을 도와준 최수희 석사에게 감사드린다.

2009년 6월

안경환

차례

1장

사회의 발전과 법의 역할

역사적 조망

I

법이란 무엇인가?

(1) 개념 정의의 어려움

법이란 무엇인가? 근래 중·고등학생들이 애용하는 한컴사전에서 법이라는 항목을 찾아보면, ① 법률·법전·법규, ② 예법·도리, ③ 방법·과정·기술, ④ 수학의 나눗셈a division, ⑤ 문법, ⑥ 불법佛法으로 세분해서 기술하고 있다.

우리의 일상용어 중에 법이라는 말이 널리 쓰인다. 이를테면 "세상에 그런 법은 없다"라고 말할 때의 법은 건전한 상식이나 합리적인 이성, 또는 사물의 이치를 가리킨다. 위 ②번의 정의에 가까운 내용이다. 또한 'XX 제조법', 'XX 사용법' 등 각종 요령이나 매뉴얼을 지칭하기도 한다. 음악에서는 '화성법', '대위법' 등 체계적인 기법을 의미하기도 한다. 이들은 ③의 범주에 속한다고 할 수 있다.

법률 전문가용 사전에는 더욱 다양하고도 세부적인 내용이 담겨 있다. 사전 전체가 법의 의미를 정의하는 셈이다. 그러나 모든 명제가 그러하듯이 법을 한마디로 명확하게 정의 내릴 수는 없다. 포괄적으로 "우리가 법이라고 부르는 것이 법이다"라고 말하는 것이 가장 정직한 법의 정의일지도 모른다. 그러나 대체로 법이라는 말을 들으면 그 말을 듣는 상황에서 무슨 뜻인지 대략 짐작할 수가 있다. 정확하게 법이 무엇인지 자신 있게 말할 수 있는 사람도 없지만, 그렇다고 법이 무엇인지 전혀 모르는 사람도 없다.

플라톤Plato(B. C. 428?~B. C. 347?)의 최후의 저술인 대화록, 『법률』 Nomoi(The Laws)[1]은 두고두고 음미해야 할 심오한 메시지를 담고 있다. 이 대화록에서 등장인물들의 대화는 법을 주제로 시작된다. 그런데 구체적인 주제는 '법이란 무엇인가?'로 시작하지 않고, '누가 당신의 법을 제정할 권한이 있는가?'로 시작한다.[2] 이러한 서술 방법에서 두 가지 사실을 추론해 낼 수 있다. 첫째 법이란 명확한 정의를 내릴 수 없는 개념이라는 것, 둘째 설사 억지로 정의를 내릴 수 있다고 하더라도 굳이 그럴 필요가 없다는 것이다. 왜냐하면 법은 그것 자체로서 존재 목적을 증명하는 것이 아니라 현실 문제를 해결하는 수단으로서의 효용을 보유하고, 이러한 현실적 효용을 인정하는 것으로 충분하기 때문이다.[3]

(2) 다양한 법의 정의: 오든의 시

상식인의 일상어든 법률가의 전문 용어든 간에 '법'의 어떠한 측면과 성격에 초점을 맞추느냐에 따라 여러 정의와 해석이 가능하다. 20세기 최대의 시인 가운데 한 사람으로 불리던 영국의 계관시인 오든Wystan Hugh Auden(1907~1973)의 시, 「법은 사랑처럼」Law Like Love(1939)은 다양한 법의 개념과 속성을 압축된 언어로 제시했다.

①

농부들은 말하네
법은 태양이라고
우리 모두가 따라야 하는
어제도 오늘도 내일도.[4]

그 누구도 거역할 수 없는 불변의 법, 자연의 섭리로 그는 법의 시를 시작한다. 법은 시공을 초월한 만고불변의 진리다. 몽테스키외Charles Louis de Montesquieu(1689~1755)도 명저 『법의 정신』De l'esprit des lois(1748)의 도입부에서 식물은 오성도 감성도 없지만 보다 완전하게 법칙을 따른다고 말한다.

②

법은 어른의 지혜

노쇠한 할아버지 엄하게 꾸짖으면
손자 놈 혀 빼물고 대꾸하네
법은 젊은이의 감각이라고.[5]

법은 끊임없는 성장 발전을 거듭한다. 법은 역동, 발전하는 시대정신Zeitgeist의 산물이다. 선인의 지혜와 후세의 신기운은 서로 충돌하기 마련이다. 기존의 법질서가 지나치게 경직되면 붕괴, 와해되기 마련이고, 반면에 새로운 시대적 요구가 지나치게 급격히 제기되면 충돌이 불가피하다.

③
성자 같은 표정으로 사제는 이르네
속인들이여 들어라
법은 내 이 경전 속 말씀
법은 내 설교단이며 첨탑이라고.[6]

역사는 제정 일치의 시대에서 제정 분리의 시대로 이행해 왔다. 종교의 법은 세속의 법과 차원을 달리한다. 역사적으로 볼 때 양자는 흔히 충돌했고, 그 충돌로 인해 인류의 삶의 질과 도덕성이 높아지기도 하고 떨어지기도 했다. 서양에서 법학사 학위를 LL.B.Bachelor of Laws로 표기하는 것은 세속법과 교회법, 양자를 함께 수학한 증서라는 역사적 전통에 근거한 것이다.*

④

으스대며 재판관은 말하네.

분명하고도 엄격한 어조로.

법이란 내 항시 말하기에

짐작건대 그대들도 알리라

한 번 더 되풀이해서 말하자면

법은 법이다.[7]

재판은 추상적인 법의 원리를 구체적인 사건에 해석, 적용하는 공적 행위다. 법이 무엇인가? 소송의 당사자에게는 재판관이 '이것이 법이다'라고 선언하는 것이 바로 법이다. 판사가 사실상의 입법자judge as legislator라고 불릴 만큼 역할과 비중이 큰 영미법 체계common law system 아래서는 실감이 더해지는 구절이다.

⑤

하지만 법 잘 지키는 학자들은 말하네

법이란 옳은 것도 그른 것도 아니며

때와 장소에 따라 처벌되는 법은 범죄일 뿐,

법은 일상으로 입는 옷

---

* 이러한 사실에 착안해 일본에서는 초기에 LL.B.를 양법사(兩法士)로 번역했다.

법은 아침저녁으로 나누는 인사[8]

법학자는 구체적인 분쟁 사건에서 한쪽의 편에 서지 않는다. 쌍방에 유리, 불리한 법리를 비교, 연구해 당사자에게 선택의 자료를 제공한다. 이러한 지적 작업을 위해서 법학자는 법의 원리를 탐구한다. 법의 세계에는 절대적인 선이 존재하는 것이 아니다. 이것이 바로 근대 자유주의 정치철학의 출발점이기도 하다. 일찍이 파스칼은 수상록 『팡세』에서 "피레네 산맥 이쪽에서의 정의는 반대편에서는 부정의다"라고 말했다. 정치적·이념적 대립이 극단적으로 첨예한 분단국가인 우리에게 휴전선 북쪽에서의 정의는 남쪽에서는 부정의가 될 수 있다.

법은 일상으로 입는 옷이나 아침저녁으로 숨 쉬는 공기와 같은 것이라고 말한다. 다른 말로 하면 사람이 '일용할 양식'이라는 뜻이다. 누구에게 불행한 일이 닥쳤을 때와 같은 예외적인 상황에서만 비로소 등장하는 것이 법이 아니라, 우리가 특별히 의식하지 못하고 특별한 의미를 부여하지 않으면서 주고받는 일상적인 인사와도 같이 언제나 생활 속에 함께하는 것이다.

⑥

어떤 이는 말하네,

법은 우리의 운명.

어떤 이는 말하네,

법은 우리의 국가.
또 어떤 이는 이렇게 말하네,
법은 사라졌고 죽어 버렸다고.[9]

"법은 우리의 운명이다." 법을 벗어날 수 없는 압제와 질곡으로 여기는 사람은 법 앞에서 체념한다. "법이 곧바로 국가"라는 주장은 지극히 국가지상주의적인 정치철학의 소산이다. 모든 국민은 국가에 봉사해야 할 의무를 지며, 그 의무를 강제하는 수단이 법이다.

"법은 사라졌다." 마르크스-레닌의 공산주의 이론에 입각하면, 법은 이른바 상부 구조에 속하는 것으로 이상적인 공산주의 사회가 도래하면 법은 저절로 '시들어 죽을'枯死(absterben) 구시대의 유물이 될 것이라고 했다. 그러나 이러한 이론은 법의 근본적인 속성에 대한 성찰이 부족한 데서 비롯된 오류다. 모든 혁명은 구질서의 파괴와 새로운 질서의 창조라는 두 과정을 거친다. 타파된 구질서를 지탱하던 법이 무너지면, 새로운 질서를 뒷받침해 줄 새로운 법이 등장하기 마련이다. 법은 목적이 아니고 수단이다.

⑦
언제나 소란하고 성난 군중들은
몹시 성나고 소란스러운 목소리로 외치네,
법은 우리다.
유순한 바보는 나직하게 말하네,

법은 바로 나다.[10]

계급이나 집단의 이익을 위해 거리에서 단체 행동에 나선 군중의 정서와 행태를 그린 문구다. 유순한 바보는 자신의 권리의식에 눈뜨지 않은 사람이거나, 타인에게는 관대한 반면 자기 자신에게는 엄한 도덕적 척도를 지닌 사람이다. 이런 사람을 일러 흔히 (타율적 규범인) '법 없이도 살 수 있는 사람'이라고 말한다.

⑧

사랑하는 이여,
만약 우리가 법이 무엇인지를
그들 이상 알지 못함을 우리 안다면
법이 존재한다는 것을
기쁘게든 혹은 슬프게든
모든 이가 수긍하고
또 모두가 그것을 안다는 것 이외에
우리가 할 일과 해서는 안 될 일을
그대처럼 나도 모른다면,
그리하여 법을 다른 말로 정의하는 것이
부질없는 일이라 생각하는 나는
그 많은 사람들이 하듯 또다시
법이란 이것이라고 말할 수 없다면,

어림잡아 말한다거나
각자의 입장에서 벗어나
태연자약하고픈 보편적인 욕망을
그들처럼 우리도 억누를 수 없네.
내 비록 완곡하게
유사점을 읊조리는 것으로
그대와 나의 헛된 꿈을
묻어 두려 하지만,
그래도 우리 자랑스럽게 말하리,
법은 마치 사랑 같다고.[11]

⑨
사랑처럼 어디 있는지
왜 있는지 모르는 것,
사랑처럼 억지로는 안 되고
벗어날 수도 없는 것.
사랑처럼 우리는 흔히 울지만
사랑처럼 대개는 못 지키는 것.[12]

⑧연은 마지막 ⑨연을 위한 도입부다. 법은 사랑이다. 무수한 종교와 수많은 예술 작품이 사랑을 강론하지만, 법과 마찬가지로 사랑의 정확한 내포와 외연을 규명해 낼 수가 없다. 시의 마지막 연이 모든 논

의를 축약한다. 법은 사람을 부자연스럽게 만든다. 그러나 공동체를 사는 사람은 법의 제약을 받지 않을 수 없다. 한 사람의 권리는 다른 사람의 의무가 될 수도 있다. 모든 권리를 뒤집어 보면 의무가 수반되어 있다. 공동체의 구성원이 지켜야 할 최소한의 도덕을 공동체의 강제 규범인 법으로 합의한다. 대체로 자신의 권리를 챙기기 위해 앞장서서 나서는 사람들은, 권리의 이면에 담긴 타인에 대한 의무를 소홀히 하는 경향이 있다. 그리고 그 타인이 불특정 다수인 경우에는 더욱더 그러하다. 이 시의 총체적 결론은 논의의 출발점으로 되돌아간다. 즉 인간의 불완전함과 공동체 탄생의 불가피성, 도덕성과 윤리의식, 그리고 권리의식과 의무감, 이 모든 제약 속에서 공동체의 삶의 질을 제고하기 위해 끝없이 노력해야 할 인간의 피할 수 없는 운명, 바로 그것이 법이라는 것이다.

사랑처럼 우리는 흔히 울지만 Like Love We Often Weep
사랑처럼 대개는 못 지키는 것 Like Love We Seldom Keep

(3) 법의 전형으로서의 성문법

① 문자 문명과 성문법

법의 다양한 의미와 속성을 한마디로 규정하기는 어렵지만, 일차적이고도 가장 전형적인 의미는 성문의 규범을 가리킨다(한컴사전의 ①번 정의). 그리하여 법이라고 하면 흔히 법률, 법전, 법규 등 문자의 형태로 형상화된 제정법이라는 생각을 갖게 된다. 그러나 앞서 살펴본 오든의 시를 통해 제정법에 부수적으로 또는 제정법과 동등한 규범력을 보유하는 법규범도 존재함을 알 수 있다. 우리나라 민법 제1조는 "민사에 관하여 법률에 규정이 없으면 관습법에 의하고 관습법이 없으면 조리條理에 의한다"고 규정하고 있다. 조리란 '건전한 상식', '사물의 본성', '합리적 이성' 등을 의미하는 학술 용어로, 만약 법관이 입법자였다면 제정했을 내용이다. 제정법의 탄생은 문자 사용이 전제된다. 이 점과 관련해 플라톤이 『국가』에서 주창한 '시인 추방론'의 사회적 배경이 문자 시대의 정착을 반영한다는 해석은 주목할 만하다.

> "구술 문화 시기 사람들의 교육에서 중심적 역할을 수행했던 시가 교육에 일정한 한계를 부여하고, 고등교육의 지위를 새로이 등장하는 앎과 학문에 넘겨야 한다는 것으로 이해될 수 있다. 문자가 도입되기 전 오랜 기간 인간 삶의 틀이 되어 온 구술 문화의 체제에서 앎과 진리라는 새로운 규범으로 체계화되는 문자 문화로 이행한 것을 의미한다."[13]

'문명의 텍스트'로 각인되는 문명이란 문자 문명을 의미한다.[14] 문자 문명의 전형적인 상징이 문학 작품이고 법이다. 전자가 사적 텍스트라면, 후자는 공적 텍스트다. 법규범의 비중이 관습법에서 성문법으로 이동한 것은 문자 문명이 정착한 시대적 변화를 반영한 것이다. 플라톤의 초기 저술인 『국가』에서는 명확하게 등장하지 않던 성문법이 최후 저술인 『법률』에서는 논의의 전제가 되고 핵심 내용을 이루는 것도 이러한 관점에서 분석할 수 있다.

② 성문법과 관습법

인간이나 재화의 이동 빈도와 폭이 좁은 농경 사회와 같은 정적인 사회에서는 관습법의 역할이 중요하다. 역사적 연속성과 문화적 동질성이 갖추어진 집단에서는 굳이 성문 형식의 규범이 존재하지 않더라도 무엇이 옳고 그르며, 어떤 행위가 어떤 사회적 평가를 받아야 하는지 비교적 명료한 기준이 공유되어 있다. 또한 이러한 사회에서는 성문의 규범이 존재하더라도, 반드시 절대적인 권위를 누리는 것은 아니다.

영국의 예를 들어 보자. 영국에서 전통과 관습법은 매우 중요하다. 흔히들 영국은 피의 혁명을 치르지 않고 점진적이고도 연속적인 발전을 이룬 나라로 평가한다. 11세기 초의 정복왕 윌리엄 1세William the Conqueror 이래 오늘의 엘리자베스 2세에 이르기까지, (비록 여러 차례 왕조가 바뀌었지만) 왕가의 혈연관계가 단절되지는 않았다. 또한 유럽 대륙과는 달리 절대왕정체제가 견고하게 자리 잡은 예가 없었다. 일시 왕정이 폐지되고 공화정이 들어선 적이 있지만 이내 복구되었고, 영국사 전체에서 볼 때 크롬웰의 혁명은 일시적인 일탈로 평가되어, 잠시 국왕이 비었던 '공위 시대'空位時代(Interregnum)로 명명한다.

"영국 의회는 남자를 여자로, 여자를 남자로 만드는 일을 제하고는 모든 것을 할 수 있는 전지전능한 기관이다"라는 말이 상징하듯이, 의회제도가 정착되고 '의회주권'Parliamentary Sovereignty의 원칙이 확립되면서 의회가 제정한 법률이 최고 규범으로서의 효력을 보유하고 있다. 그러나 의회주권의 절대성에도 불구하고 실제 재판에서는 '코몬로'common law라는 판례법이 더욱 중요한 역할을 한다. 코몬로는 '판사가 제정한 법'judge-made law이다. 판사가 구체적인 사건에서 내리는 판단의 기초는 '보편적 이성'common reasoning이다. 보편적 이성은 제정법보다 상위를 점하는 '고차법'higher law*의 존재에서 유래한다고 볼 수 있다.

또한 영국에는 헌법이라는 단일 법전이 존재하지 않는다. 의회가 제정한 여러 법률 속에 담겨 있는 제반 기본권 조항이 헌법의 효력을 가지며, 이러한 법률들은 '고대 헌법'ancient constitution 또는 '자유민 영국인의 권리'rights of a freeborn Englishman라는 이름의 불문 기본권을 바탕으로 삼고 있다. 국가 권력의 조직과 행사에 관해서도 제정법 속에 명시되지 않은 헌법적 관행constitutional convention이 대단히 중요하다. 이를테면 의회 다수당의 당수가 수상이 되는 것이 확립된 헌법적 관행이다.

영국 형사법에서도 관습법의 위치가 견고하다. 근대 형법의 대원칙 가운데 하나가 '죄형법정주의'다. 형사 범죄는 법률에 그 요건이 명확하게 정해져 있지 않으면, 아무리 도덕적으로 악한 행위를 했다 하더라도 처벌할 수 없다는 원칙이다. 그러나 영국은 전통적으로 '관습형

---

* 정확하게 일치하지는 않지만 일반적으로 통용되는 '자연법'(natural law)과 유사한 개념으로 파악할 수 있다.

법'을 인정했다. 일정한 유형의 범죄는 법률에 명시적으로 규정하지 않아도 당연히 범죄로 인정되어 처벌할 수 있다. 이를테면 살인, 강도, 절도, 상해, 방화 등의 '보편적 범죄'common law crime는 제정법 유무에 상관없이 죄가 된다는 것이다.*

그러나 전통적인 가치관에 근본적인 변화가 발생한 격동의 역사를 겪은 사회나, 개인의 가치관과 삶의 태양이 다양하고 역동성이 높은 사회에서는 공동체 구성원 사이에 암묵적으로 합의하는 공통된 관습을 찾기 어렵다. 이런 사회에서는 법이 성문의 형태로 나타나는 것이 보편적인 태양이 되었다. 이 점은 미국의 탄생과 발전 과정을 보면 더욱 분명해진다. 미합중국의 탄생은 독립과 혁명의 이중적 요소를 지닌다. 종주국의 지배를 벗어난 식민지가 독자적인 주권국가를 선언한 독립은, 웨스트민스터Westminster 중심의 구체제에 대한 식민지 영국인의 혁명이었다. 또한 미국은 성립 당시부터 이주민으로 출발했고, 지속적인 이민을 통해 팽창, 발전한 나라다. 초기부터 영국은 물론 유럽 대륙의 전역에서 제각기 다른 종교, 정치사상, 문화적 배경을 가진 집단이 상이한 시기에 걸쳐 상이한 지역에 정착했다.[15] 이러한 독특한 역사적 이유 때문에라도 미국은 갈등과 분쟁의 조정자로서의 법과 법의 역할을 강조한다. "미국에서 조만간 송사로 이어지지 않는 정치적

---

* 법률 용어로는 '코몬로상의 범죄'라고 옮긴다. 이러한 전통은 미국의 법제에도 한동안 반영되어 있었다. 그러나 오늘날에는 영국, 미국 모두 '형사법전'을 보유하고, 법전 속에 전통적인 보편적 범죄(common law crime)가 반영되어 있다.

인 사건은 없다." 이는 19세기 프랑스의 정치철학자 알렉시스 토크빌 Alexis de Tocqueville의 명저 『미국의 민주주의』Democracy in America(1861)에 나오는 말로, 널리 인용되는 이 유명한 구절이 이 같은 사실을 단적으로 웅변해 준다.[16] 흔히 미국을 특수하고 '예외적인 나라'라고 부르는데,[17] '미국 예외주의'의 중요한 특징이 이른바 '사법왕국'이라는 것이다.

미국 독립혁명의 예에서 보듯이 국가체제의 중대한 변화를 겪은 신생국가에서는 성문의 법으로 새 시대의 장을 열고, 전형적인 경우 새 헌법을 제정한다. 제2차 세계대전 후의 신생 독립국들은 헌법전의 제정을 통해 국민주권을 천명했고, 1989년 구소련 체제의 붕괴로 인해 새로 탄생한 국가들도 예외 없이 새 헌법을 제정함으로써 과거와의 결별을 선언했다.

한 나라의 최고법인 헌법은 국민의 정치적 결단을 담은 문서라고 한다. 헌법에 담긴 이념과 가치를 실현하는 것이 국정의 기본 목표다. 헌법을 정점으로 법률, 명령 등 하위 법규에 이르는 성문법의 위계적 체계가 갖추어져 있다. 그러나 제정법만이 법인 것은 아니다. 이른바 '법실증주의'legal positivism는 "특정 사회적 기관에 의해 채택된 법칙에 관한 사실로 구성된 법적 명제의 진실에 불과하고, 그 이상의 의미는 없다"[18]라는 드워킨Ronald Dworkin의 진단은 경청, 음미할 필요가 있다.

제정법은 경직되기 십상이고, 시대의 흐름을 시의적절하게 반영하지 못할 위험이 있다. 그렇기에 끊임없는 개정, 보완 작업을 통해 발전하는 사회의 '살아 있는 법'을 반영하는 것이 법원의 역할이다. 또한 제정법의 불명, 흠결을 보완하는 것이 사법 절차이기도 하다. 사법 절차는 법 규정의 문리적 의미, 구조, 법의 정신, 관습 등 각종 규범을 해석 기법을 통해 바른 결과에 이르도록 하는 구체적 정의의 실현 과정이기 때문이다.

③ 법적 언어의 특성

법은 언어로 구성되어 있다. 방송이나 신문, 논문 등도 언어로 이루어져 있지만, 법은 상대적으로 안정성을 갖는 언어다. 법적 언어는 현실의 사건을 그 속에 포섭해서 이에 대한 규범적 처방을 내리는 구조를 띤다. 이러한 포섭과 처방의 언어를 둘러싸고 치열한 해석 싸움이 벌어진다. 자구字句 하나하나가 이 정도로 싸움의 대상이 되는 다른 언어로는 종교 경전이나 시詩 정도가 있을 뿐이다. 법언어학이나 법해석학이 하나의 독립된 분과 학문을 이루고 있는 것도 이런 이유 때문이다.

법은 제도다. 이것이 다른 언어들과의 결정적인 차이점이다. 다른 언어와 달리 법은 헌법기관으로서 국민을 대표하는 국회(헌법의 경우 헌법제정기구)에서 '제정'된다. 그리고 국민의 이름으로 사법부와 헌법재판소에 의해 '발견', '해석'됨으로써 '시행'된다. 매스컴의 언어나 논문의 언어, 문학의 언어나 일상의 언어와 달리 제정법의 언어는 인용할 때도 별도의 각주가 필요 없다. 왜냐하면 법은 아무리 무단 전재해도 뒤탈이 없는 '공적인' 제도적 언어로서 국민 모두가 그 저작권을 갖는다고 할 수 있기 때문이다.

법은 제도적 언어이며, 따라서 민주주의 국가에서의 법언어는 민주적이어야 한다. 그런데 법의 제도적 성격에서 비롯되는 전문 기술성은 민주성과 상충할 가능성이 있다. 그러나 법어는 쉽기만 하다고 능사가 아니다. 그 의미가 명확해야 하는데, 그러자면 용어간의 정밀한 구분이 필요하다. 조선조 말까지 한문을 정부의 공식어로 사용했고 모든 추상어가 한자에 뿌리를 둔 우리나라의 경우, 법적 언어에 최소한의 한자어를 사용하는 것은 불가피하다.

2

법의 목적: 법과 사회적 정의

(1) 법과 정의

법은 정의를 실현하는 도구라고 한다. 그런데 때때로 법은 '정의' justice라는 말과 혼용되기도 한다.* 그리스 신화 속에서는 법의 여신이 곧바로 정의의 여신이었다.[19] 그러나 법이 곧바로 정의라고 말하는 것은 무리가 있다. 법은 정의를 실현하기 위한 수단일 뿐이다.

누가 정의를 실현하는가? 근대 국가에서는 국가가 법을 통해 정의를 실현한다는 가설을 수용한다. 그래서 법학자는 "하늘이 무너져도

---

* 이를테면 미국 법무부의 명칭은 '정의부'(Department of Justice)로 번역해야 한다고 주장하는 사람도 있다.

정의를 세워라"라는 로마 시대의 법언法諺을 즐겨 인용하고, 정치가나 법실무가는 "법이 서야 나라가 선다"고 말하기도 한다.

그런데 정의란 개념적으로는 영구불변의 가치일지 모르나, 정의의 현실적 구현은 구체적인 상황에 의해 제약을 받는 상대적 개념이다. 법학 개론서에 자주 인용되는 파스칼의 수상록 『팡세』의 "피레네 산맥 이쪽에서의 정의는 반대편에서는 부정의다"라는 구절이 이를 잘 대변한다. 2000여 년 전 그리스의 역사가 헤로도토스Herodotos(B. C. 484?~B. C. 425?)도 페르시아 다리우스 왕의 일화를 소재로 삼아 "이 세상에 보편적 윤리라는 것은 존재하지 않는다"고 선언했다. 알렉산더 대왕에 의해 무너질 때까지 다리우스는 천하무적이었다. 이 정복왕은 점령지의 그리스인들을 모아 놓고 부모의 시신을 먹는 사람에게는 거액의 포상금을 내리겠노라고 선언했다. 그러나 천금을 주어도 그런 끔찍한 짓을 할 그리스인은 단 한 명도 없다면서 피정복지인들은 저항했다. 후일 다리우스는 죽은 부모의 시신을 먹는 풍습이 있는 칼라티아이 인도인들에게 부모의 시신을 화장하지 않겠냐고 물었다. 모욕을 느낀 사람들은 그런 짓은 천벌을 받을 중죄라며 펄펄 뛰었다. 아무리 인간이 벼랑 끝에 몰려도 절대로 수용할 수 없는 것이 있다는 것이다.[20] 인간으로서의 최소한의 존엄, 한마디로 인권이라는 것이다. 물과 땅, 그리고 시간에 따라 사람도 다르다. 풍습도, 가치도, 신앙도 다르다. 정의감과 법의식도 다르다.

법이 유념하는 정의는 '사회적' 정의를 의미한다. 개개인의 정의의 총합이 사회적 정의와 반드시 일치하는 것은 아니다. 플라톤의 정의론은 중용과 균형을 강조했고, 아리스토텔레스Aristotle(B. C. 384~B. C. 322)의 정의론은 교환적 정의와 배분적 정의로 양분해서 전개되었다. 이들 선구자들을 뒤이어 무수한 사상가들이 정의의 본질과 체계를 두고 정의론을 전개해 왔다. 구구하고 다양한 정의론은 모두 '법과 사회'를 염두에 두고 전개한 것이다.

법은 사회의 거울이자 시대의 텍스트다. 그러므로 한 시대와 사회를 총체적으로 이해하는 가장 효과적인 방법이 그 시대의 법제를 연구하는 것이다. 신화도 마찬가지다. 신화도 인간이 만든 것이기에 신화 속에는 당대의 시대상인 법이 투영되기 마련이다. 한 예로 고조선의 역사적 실체에 관한 논쟁이 이어지고 있지만, 신화든 역사든 그 사회의 모습은 편린이나마 팔조금법八條禁法을 통해 간접적으로 추론할 수 있다. 그리스·로마 신화도 당연히 시대상이 반영된 텍스트일 것이다. 예를 들어 제우스가 자신의 아비 세력을 몰아내고 올림포스 산을 거점으로 삼아 새로운 신국을 건설하고 주신의 지위에 오른 것은 강력한 중앙집권체제가 등장한 시대상을 반영한 것으로 이해할 수 있다. 또한 절대자 제우스가 등극하기 전에는 정의의 신, 음악의 신, 수확의 신 등 수많은 여신들이 세부 직역에 따라 업무를 주관하고 있었다. 그러나 주신 제우스의 등장과 함께 이들 여신의 지위가 상대적으로 약화된 것은 소규모의 분권적 모계 사회에서 강력한 대규모의 중앙집권적 부계 사회로 이행한 시대의 변화를 반영한 것임을 암시한다.

그리스 비극의 아버지로 불리는 아이스킬로스Aeschylos(B. C. 525~B. C. 456)의 『오레스테이아』Oresteia 3부작은 법제도의 운영에 관한 중요한 시대적 텍스트다. 이 작품 속에 서양 문학사에서 최초로 근대적 의미의 재판과 유사한 재판 장면이 등장한다. 시민 참여에 의한 배심제도, 검사와 변호인, 당사자의 진술, 공개 재판 등 작품 속의 재판 장면은 당시 그리스의 재판제도를 반영한 것으로 보인다. 그런데 이 작품에서 재판장 아테나 여신은 6 대 6으로 양분된 배심의 평결을 깨고, 아버지의 원수를 갚기 위해 어머니를 죽이고 혈족살해죄로 기소된 오레스테스에게 "어머니는 아들의 혈족이 아니고 단지 아버지의 정자 보관소일 뿐이다"라며 무죄라는 최종 판결을 내린다. 이러한 신화는 법제도가 가부장체제의 성립을 뒷받침한 것을 단적으로 상징한다. 이 작품에서 검사 역할을 맡은 복수의 여신 에우메니데스 세 자매가 새로이 세력을 얻은 아폴로를 비롯한 '젊은 신'(남신)들의 방자함에 분노하는 것도 이러한 맥락에서 이해할 수 있다.[21]

(2) 법의 요소: 권리와 의무, 인권

법의 본질적 속성은 권리와 의무로 나눌 수 있다. 모든 권리는 그에 상응하는 의무를 수반한다. 법은 권리를 보호하는 반면, 의무를 부과한다. 한 사람의 권리는 그 권리를 주장하는 상대방에 대해 의무를 부과한다. 고대의 법에서는 권리보다 의무의 개념이 먼저 탄생한 것으로 볼 수 있다.[22] 근대법의 중심 목표인 '인권의 보호'도 공동체에 대한 의무와 긴밀하게 연관되어 있다. 인권 개념의 유래는 고대 종교 경전에서 구할 수 있다(자세한 내용은 4장 참조).

종교에서 가르치는 의무론은 여러 형태의 계명으로 표현되었고, 그것은 세속적 권리 개념과도 밀접한 관련이 있다. 예를 들어 '살인하지 마라'는 계명은 인간이 생명을 보장받을 권리와 대응되고, '남의 재물을 훔치지 마라'는 계명은 타인의 재산권과 관련해서 새길 수 있다. 일반적으로 현대인이 자유liberty(또는 freedom)와 연관시켜 생각하는 개념 중에서 표준적인 법률, 누진 형벌제, 공정한 재판, 양심의 자유, 종교적 관용, 생명권 및 인신의 안전 등과 같은 개념은 고대의 종교 경전과 세속적인 문헌에서 공통적으로 확인할 수 있다.[23]

(3) 법의 기준: 평균인

법은 사람에게 특정한 행위를 요구한다. 법은 대상에 대한 복종 의무를 부과하고, 이러한 의무를 강제력으로 확보한다. 법적 의무는 이행하지 않으면 제재가 따른다. "강제력이 없는 법은 타지 않는 불과 같다"라는 말이 있듯이, 법의 근본적인 속성은 강제력에 있다. 또한 "권리 위에 잠자는 자는 보호받지 못한다"라는 법언이 있듯이, 법적 권리를 보장받으려면 권리자에 상응하는 일정한 행위를 해야만 한다. 법은 사람과 사람 사이의 '사회적' 관계에 관한 제도다.

그러면 누구의 관점에서 법적 권리와 의무의 기준을 판단하는가? 흔히 법이 기준이 되는 인간은 문제의 상황에서 '이성적'으로 행동하는 '합리적'인 인간이다. 형사법에서는 행위자의 법적 책임을 묻기 위해 '기대 가능성'이라는 용어를 사용하기도 한다.

그런데 이 물음의 근본에는 '대저 인간이란 어떤 존재인가', 다른 말로 하면 '인간의 기본적인 심성은 어떠한가'와 연결되어 있다. 인간의 본성이 선하게 태어났는가, 아니면 악하게 태어났는가를 두고 춘추전국 시대의 제자백가들 사이에서 성선설 대 성악설의 논쟁이 있었다. 그러나 법의 관점에서 이러한 논쟁은 실익이 적다. 한 가지 분명한 것은 설령 인간이 선하게 태어났다 하더라도 살아가면서 끝없이 악의 유혹을 받으며, 보통 사람은 언제나 악의 유혹에 굴복할 소지가 상존한다는 것이다. 평균적인 인간은 악하거나, 최소한 악할 수 있다는 전제에서 출발한다. 흔히 민사법적 행위의 기준으로 삼는 '선량한 보통 사람'의 본질은 '악해질 수 있는 보통 사람'이다. 중국 제가백가의 사상 논쟁 결과, 현실 치세의 이념으로서 한비자韓非子의 법가法家가 최종 승리한 것은 인간의 악한 '사회적' 심성을 직시했기 때문이라고 해도 좋을 것이다.

20세기 미국의 최대 법률가로 인식되는 올리버 웬델 홈스Oliver Wendell Holmes Jr.는 「법의 길」The Path of the Law(1897)[24]이라는 명논문에서 법의 기준은 악한 사람ordinary bad man의 눈으로 바라보아야 한다는 주장을 폈다.

> "합법성 여부를 떠나 양심의 막연한 제재에 의거해서 행동의 이유나 동기를 찾는 선한 사람이 아니라, 오로지 세속적 결과에만 관심을 갖고 법적 효과에 대한 예측을 가능하게 해주는 지식을 추구하는 악한 사람의 입장에서 법을 바라보아야 한다."[25]

선인은 막연한 양심의 제재를 받는다고 홈스는 덧붙였다. 그렇다면 선인도 법을 필요로 하는가? 극소수의 자연법론자들은 필요로 하지 않는다고 말했다. 그러나 선인에게도 법이 필요하다. 존 로크John Locke(1632~1704)는 인간은 자연 상태에서도 타인에 대한 핵심적인 의무를 인지한다고 주장했다. 막연한 양심의 제재도 법과 같은 사회적 제도의 산물이라는 요지다. 이런 관점에서 보면 선인이 의무라고 간주하는 사회적 해결책이 바로 법인 것이다. 법은 시대의 보편적 도덕을 사회의 강제 규범으로 채택한 것이다.*

---

* 홈스는 자신이 쓴 논문의 목적 중 하나는 "법과 도덕 간의 혼동을 일소하는 데 있다"고 주장했다. 도덕 감정은 법의 내용에 영향을 준다. 「법의 길」에서 "법은 우리의 도덕적 삶의 증인이고 증거다. 법의 역사는 도덕의 발전사다"라고 주장했다. "법이란 무엇인가? 왜 알려고 하는가? 왜 법의 정의를 내리는가? 모든 해석적 공동체는 자신이 좋아하는 대로 법이라는 단어를 사용할 수 있다." 앨버트 앨슐러, 최봉철 역, 『미국법의 사이비 영웅 홈즈 평전』(청림출판, 2008), 349~351쪽.

3

법의 속성과 기능

(1) 법의 주된 역할: 기존 질서의 대변?

법은 진화하고 새로운 상황에 적응하면서 인간의 욕구를 증진시킬 수 있다는 것이 자유주의 사상가들의 공통된 믿음이다. 그러나 법의 일차적 기능은 현존 질서를 유지하는 데 있다. 그러나 사회 통합과 발전의 수단이라는 법의 중요한 목표는 많은 경우 질서 유지라는 일차적 기능에 가려 빛을 잃는다. 때때로 현존 질서에 지나치게 집착함으로써 오히려 사회 발전에 걸림돌이 되기도 한다. 법이 경직된 곳에서는 부패와 부정의가 만연하고, 사회 발전의 동력이 위축된다. 법의 주된 기능이 통치의 수단인 곳에서는 통치자의 대리인인 법률가가 기득권의 전형적인 상징으로 여겨진다. 계몽기 이후 서양의 역사를 보면,

법률가에 대한 풍자와 고발이 대중문화의 전형이 되었다. 영국의 소설가 찰스 디킨스Charles Dickens(1812~187)와 프랑스의 대표적인 풍자 만화가 오노레 도미에Honoré Daumier(1808~1879) 시대에는 말할 필요도 없고, 일상생활에서 법이 차지하는 비중과 역할이 급격하게 늘어난 20세기에는 이에 비례해서 법률가에 대한 풍자와 비판이 도를 더해 왔다. 주기적으로 중간重刊을 거듭하고 있는 고급 유머집 앰브로스 비어스Ambrose Bierce(1842~1914)의 『악마의 사전』Devil's Dictionary에서는 법률가에 대한 풍자가 상당 부분을 차지하고 있으며, 근래에 들어서는 법률가를 소재로 한 유머 선집이 잇따라 출판되고 있기까지 하다. 사회에 대한 풍자를 위해 그 사회의 기본 질서를 주도하는 법률가를 재료로 삼는 것은 지극히 당연한 일일지도 모른다.

셰익스피어William Shakespeare(1564~1616)의 작품에 등장하는 '법률가 필살'의 구호가 있다. 이 구호는 시대와 장소에 관계없이 법에 대한 일반인의 보편적 정서의 일부를 대변하기에 음미할 필요가 있다.

> "맨 먼저 할 일은 법률가 놈들을 모조리 때려죽이는 일이다" The First Thing We Do, Let's Kill All the Lawyers.
>
> —『헨리 6세 제2부』 4막 2장 78행[26]

이 작품은 사극으로, 연대기에 바탕을 두고 역사를 재구성한 것이다. 극 중에서 왕권을 잡으려고 암중모색하는 요크 공작은 잭 케이드 Jack Cade라는 무식쟁이 건달을 부추겨 반란을 일으킨다. 케이드는 농민, 거지, 가난뱅이를 규합해 수도 런던을 일시 점령할 정도로 큰 소요를 일으킨다. '법률가 필살'의 구호는 런던 침공 직전에 케이드의 측근 '백정 디크'Dick the Butcher의 입에서 나온다. 디크는 두목에게 폭도들의 사기를 진작시키기 위해 만일 반란이 성공해서 왕이 되면 어떤 개혁을 할 것인가를 공약으로 내걸라고 충고한다.

"잉글랜드 땅에서는 7페니짜리 빵을 반 페니에 살 수 있을 것이며, 서 말짜리 술동이가 열 말짜리 동이가 될 것이다"라고 케이드는 공약을 하면서 자신이 구상하는 유토피아의 모습을 그려 나간다. "모든 토지는 공유지가 될 것이며, 화폐도 폐지될 것이다. 누가 먹고 마시든 모두 내가 계산한다. 모두가 형제처럼 화목하게 살고 나를 군주로 경배할 것이다."

—『헨리 6세 제2부』 4막 2장 70~77행

사유 재산의 폐지와 부의 재분배를 내용으로 하는 케이드의 급진적인 개혁안을 들은 백정 디크는 환성을 지른다.

(그렇다면) "맨 먼저 할 일은 법률가 놈들을 모두 때려죽이는 일이다"라고. 반란의 현장 상황을 국왕에게 보고하는 전령의 입을 빌리자면 폭도들은 모든 학자, 법률가, 신사들을 '해충'으로 규정하고 모두 몰살할 계획이라고 한다.

—『헨리 6세 제2부』 4막 4장 36~37행

이러한 '법률가 필살' 구절의 의미를 두고 대립된 해석이 있다. 첫째, 전형적인 해석은 문자 그대로 법률가에 대한 저주라고 규정한다. 케이드의 반란은 상류층의 권력 횡포와 사치에 대한 하층민의 저항이다. 케이드는 군대를 상대로 자신들은 '고유의 자유'ancient freedom를 회복해 더 이상 귀족들의 노예로 살지 않기 위해 봉기한 것이라고 반란의 성격과 정당성을 역설한다(『헨리 6세 제2부』 4막 7장 181~182행). 둘째, 이와 같은 전형적인 해석에 대해 이 구호는 자유 수호자의 입에서가 아니라 반란자의 입에서 나온 것임을 주목하며, 법률가를 처단하는 것이 전체주의체제로 이행하는 첩경이라는 사실을 경고하는 메시지라는 주장이다.* 흥미로운 사실은 대부분의 법률가들이 후자의 해석을 지지하는 반면, 비법률가들은 대체로 전자의 해석을 선호한다는 점이다.

---

* 또한 디크의 구호를 문학 작품으로서의 '희극'의 속성에 맞추어 해석함으로써 동일한 결론에 이르는 견해가 있다. 이 작품에서 백정 디크는 희화적 인물로 등장하며, 보다 근본적으로는 잭 케이드 반란 사건 자체가 하나의 유머적 삽화에 불과하다는 주장이다. 반란의 이유, 구호, 전개, 결말, 이 모두가 극의 주된 플롯에서 벗어난, 오로지 관중의 즉흥적인 흥미를 끌기 위해 삽입된 것이라는 주장이다. 마지막으로 이 구호의 의미를 작품상의 중심 인물의 운명과 관련해서 파악해야 한다는 주장이 있다. 즉 극중의 반란은 주인공 글로스터의 억울한 죽음으로 인한 민중의 분노에서 촉발된 것이라는. 글로스터는 오도된 법의 제물이 된다. 정적들이 자신의 목을 죄면서 "이제 법의 이름으로 목숨을 빼앗겠다"고 말하는(『헨리 6세 제2부』 3막 1장 237행) 절체절명의 순간에도 글로스터는 법의 공정함을 믿는다. 글로스터가 죽음에 이르는 과정이 바로 법치주의가 파괴되는 과정이며, 그의 몰락과 더불어 혼란과 무질서가 득세한다. 글로스터의 무고한 죽음에 분노한 민중이 소요를 일으킨다. 법을 적정하게 집행함으로써 글로스터는 "민중의 마음을 사로잡았던 것이다."(『헨리 6세 제2부』 3막 1장 28행)

법이 질서 유지의 기능을 극도로 강조한 결과, "법은 부정의보다 무질서를 혐오한다"라는 말이 있다. 이러한 관점에 착안해서 셰익스피어의 대표작 『햄릿』이 지극히 법률가적인 발상이라는 지적이 있다.[27] 이 작품에서는 등장인물들이 대부분 부자연스런 죽음으로 종말을 맞는다. 마지막 결투 장면에서 클라우디우스 왕과 왕비, 그리고 왕위 계승권자인 왕자 햄릿이 죽고, 권력의 공동空洞 상태가 발생한다. 그리고 왕위는 적국의 왕자인 포틴브라스에게로 넘어간다. 이러한 플롯은 개인적인 비극을 망국의 비극으로 확대함으로써 극적 효과를 배가시키는 데 기여했음은 물론이다. 그러나 작품의 예술성을 떠나 법의 근본적인 속성에 비추어 볼 때, 불의보다는 무질서를 혐오하는 법률가적 착안이라는 '법적'인 분석도 음미할 가치가 있다.

(2) 서비스로서의 법

법의 생명은 합리적인 이성과 절차적 정의에 있다. 법이 유지해야 할 가치는 정의로운 가치다. 법이 불의에 복속하면 불의의 법이 된다. 시민혁명을 거쳐 국민주권 이론이 정착되면서 법이 봉사해야 할 정의는 국민 전체의 자유와 복지의 증진에 있다. 모든 국가 행위와 마찬가지로 법은 국민에 대한 서비스다. 그런데 좁은 의미의 법은 법원이 주도하고 최종 책임을 지는 사법 작용을 의미한다. 이제 우리나라에서도 "사법도 서비스다"라는 말이 아주 낯설지는 않게 되었다. 한마디로 말해서 과거의 '공급자 중심의 사법'에서 '수요자 중심의 사법'으로 발상의 전환을 요구하는 시대적 변화를 반영한다. 사법이 국민을 다스리는 수단에 불과했던 시대에는 수요자인 국민이 어떤 법률 서비스를 필요로 하는가보다 국가 사법 작용의 수혜자로 인식되었을 뿐이다. 그러나 사법의 기능이 국민의 권리를 보장하고 복지를 증진하는 수단인 민주사법 국가에서는 국민이 필요로 하는 서비스를 제공하는 것이 국가의 의무다. 과거 권위주의 시대의 일반적인 관념은 법이란 대체로 송사訟事를 의미했다. 그래서 모든 법조 개혁의 논의는 구속, 영장, 보석, 변호인 수임료, 전관예우 등 재판에 관련된 것뿐이었다. 그러나 복지국가에서 송사보다 더욱 중요한 법률 서비스는 불행한 송사를 사전에 예방하는 것이다. 예방적 법률 서비스의 내용은 다양하기 짝이 없다. 국민 생활에서 모든 분야에 내재된 갈등이 법의 문제와 연관되어 있기 때문이다. 법정에서만 법률가가 필요한 것이 아니다. 오히려 법정 밖에서 더 많은 법률가가 필요하다.

국내 무대에서만 법률가가 필요한 것이 아니다. 오늘날 국제사회의 질서도 법률가가 주도한다. 평화의 시대에는 힘의 논리가 아닌 법의 논리가, 애국적 감성이 아닌 합리적 이성이 승부를 판가름한다. 행정, 외교, 기업, 언론, 일반 서민 할 것 없이 법률가적인 발상과 예방적 서비스가 요청된다. 그러므로 모든 법조 개혁의 논의는 이러한 '서비스 사법'이라는 시대적 요청을 유념해서 전개해야 한다.

(3) 종합 학문으로서의 법학

법학은 종합적인 지적 체계다. 법은 사회의 갈등을 해결하는 공적 수단이다. 학문으로서의 법학은 인간이 사회에서 공동생활을 영위하는 과정에서 발생하는 갈등을 학문의 대상으로 삼는다. 그 갈등의 원인에 따라 다른 해결 방법이 필요하다. 사회가 분화되고 고도의 지식이 공동체의 삶의 질을 좌우하다시피 하는 시대에 법학은 이들 지식 세계에서 벌어지는 갈등의 실체를 파악할 수 있는 체계를 갖추어야 한다. 법학이 갖추어야 하는 속성은 새로운 창의적인 발상을 통해 사회 발전을 선도하기보다 다른 선도적 분야에서 성취된 결과를 사회제도로 구축하는 데 필요하고 적절한 지혜로 만들어 제공하는 데 있다. 한마디로 요약하자면 법학은 천재의 영역이 아니라 어른의 영역이다. "법은 논리가 아니라 경험이다"라는 명언이 상징하듯이, 법은 미리 정해 둔 논리의 틀에서 창출되는 것이 아니라 오랜 시일에 걸쳐 공동체가 축적한 집단적 경험의 소산인 것이다. 법학은 다른 창의적인 학문이 성취한 지적 산물을 사회적인 제도의 틀 속에 수용하는 체계다. 그러므로 법학은 다른 학문이 행한 실험의 내용을 평가하고, 검증된 내용을 사회적 제도로 뒷받침해 줄 수 있는 지적 역량을 배양해야 한다.[28]

한 예로 과학기술의 발전이 법에 미치는 영향을 살펴보자. 지난 세기 동안 인류가 이룬 가장 큰 업적은 과학기술의 발전이다. 과학적 진보가 곧바로 사회의 진보에 직결되었고, 과학기술을 수단으로 성취한 물질적인 성공이 인간의 삶의 질을 결정하다시피 했다. 학문의 질적 수준을 결정하는 것도 '과학적' 성과였다. 합리성과 엄정성의 척도가 더욱 강한 자연과학이 사회과학을 압도했고, 따라서 사회과학의 수준을 자연과학의 수준에 여하히 접근시키느냐에 따라 학문 전체의 성패가 좌우되었다. 그것은 인간의 '이성'과 '합리성'을 신봉하는 근대 사회를 이루는 데 과학적 진보가 절대적인 기여를 했기 때문이다. 그러나 과학기술의 발전은 인류에게 새로운 과제를 던져 주고 있다. 인간의 삶의 질을 높이는 데 결정적인 역할을 한 과학기술이 이제는 오히려 삶의 질을 위협하는 중대한 장애 요인으로 등장했고, 심지어는 인류의 삶 자체를 위협하는 재앙으로 매도되는 실정이기도 하다. 이렇듯 과학기술 시대의 법은 새 세기 인류의 공동체 삶이 해결해야 할 최대의 과제가 되었다. 과학기술의 발전에 의해 '삶 전체의 예견 가능성'을 확보하는 것이 법의 임무가 되었다.[29]

근대 학문의 체계가 분화되어 극도의 전문화된 길을 걷기 전에는 모든 학문이 통합적인 성격을 강하게 지녔다. 법학도 마찬가지였다. 법학 공부는 철학, 역사, 경제학과 같은 인접 학문과 병행해서 행해졌다. 한 예로 애덤 스미스Adam Smith(1723~1790)를 들어 보자. 법의 생명은 합리적인 이성과 절차적 정의에 있다. 근대 자유주의 경제학의 시조로 『국부론』An Inquiry into the Nature and Causes of the Wealth of Nations (1776)이라는 명저를 통해 자유무역, 자본주의, 자유주의를 주창한 그는, 요즘 기준으로 보면 경제학자일 뿐만 아니라 윤리학자요 법학자이기도 했다〔그 스스로 재직하던 글래스고(Glasgow) 대학에서 명예 법학박사(LL.D.)

학위를 수여받기도 했다). 『국부론』을 쓰기 전에 『도덕감정론』The Theory of Moral Sentiments(1759)[30]을 저술해 인간의 기본적인 심성에 관한 성찰을 담았고, 이를 바탕으로 『국부론』과 『법학강론』*을 저술한 것이다. 인문학과 사회과학이 분화되기 전에는 사회제도의 원리를 탐구한 사상가는 먼저 인간의 심성에 대한 고찰에서 출발하기 마련이었다. 인간이 어떠한 존재인가에 대한 성찰 없이 인간 사회를 움직이는 제도의 원리를 정립하는 것은 이론의 도그마에 함몰될 위험이 크다.

---

* 『법학강론』(Lectures on Jurisprudence, 1762~1763)은 '시민 정부가 준수해야 할 규칙에 관한 이론'이라고 정의했다(이 저술은 일종의 강의 노트로 1976년에야 비로소 정식으로 출판되었다). "법의 주된 목적은 정의를 수호하는 데 있고, 정의란 침해(injury)로부터 안전을 보장하는 데 있다"라고 한다. 그리하여 국가는 개인의 신체, 재산, 명예, 그리고 사회적 관계를 보호해야 한다고 주장했다. 이 점에서 로크의 자유론의 내용과 궤를 같이한다.

4

사회의 근본 가치와 법

법은 '사회'의 정의와 가치를 구현하는 수단이다. 그렇다면 그 사회가 추구하는 근본적 가치가 무엇인가에 따라 법의 구체적인 역할이 달라질 것이다. 대한민국이 지향하는 본질적인 가치의 핵심 내용이 자유주의라는 데는 이의가 없다. 그런데 자유주의란 매우 포괄적이다. 정치사상이자 경제사상이고, 헌법 이념이며 법치의 근본 원리이기도 하다. 자유주의가 지향하는 '자유'의 외연과 내포는 논자에 따라 세부적인 차이가 크다.*

그러나 아무리 외연을 넓힌다 하더라도 자유주의만으로 우리나라 헌정의 기본 질서를 포괄하기에는 부족하다는 것이 대다수 학자들의 견해다. 이를테면 자유와 평등의 상관관계, 자유권과 사회권의 조화, 시장경제와 국가의 개입권 등 사회적 법치국가 이념 수용 등등 많은 논쟁의 여지가 남아 있다(2장, 3장 참조).

---

* 한 예로 경제학자 이근식 교수는 정치 이념으로서의 자유주의의 기본 원리로 ① 사회적 평등-인격과 인권의 평등·법 앞의 평등·기회 균등, ② 개인주의, ③ 독립심과 자기 책임-사유재산제도, ④ 사상과 비판의 자유, ⑤ 관용의 다섯 가지 요소를 들었다. 이근식, 『상생적 자유주의: 자유, 평등, 상생과 사회발전』, 석학人文강좌 02(돌베개, 2009), 31~46쪽.

5

고대의 법제도

(1) 고대 바빌로니아

고대 바빌로니아의 사회상은 함무라비 왕(B. C. 1792~B. C. 1750 재위)이 제정한 함무라비 법전을 통해 알 수 있다. 282개 조문으로 구성된 이 법은 당시 왕국의 종합 법전이다.* 각종 범죄를 규정한 형사법과 사인간의 계약과 분쟁을 해결하는 민사법의 원칙, 가족법의 세칙, 그

* 보다 시대적으로 앞선 법전으로 우르남무(Ur-Nammu) 법전(B. C. 2050경), 에슈눈나(Eshnunna) 법전(B. C. 1930경), 이신의 리피트 이슈타르(Lipit-Ishtar of Isin) 법전(B. C. 1870) 등이 있다. 그러나 이들은 함무라비 법전에 비하면 단순하고 편면적이다. 법전의 영문 텍스트는 http://www.yale.edu/lawweb/avalon/medieval/hampre.htl 참조.

리고 자신에게 유리한 증거를 제출할 수 있는 기회 보장과 같은 실체적 · 절차적 규정이 포함되어 있다. 법을 위반한 사람의 처벌, 결혼 · 이혼 · 경작의 원칙, 농부와 장인의 임금 규칙, 의사 · 수의사 · 토목공 · 선원의 의무와 급료 등 사회생활 전반에 걸쳐 (주로) 규제와 (약간의) 보호에 관한 내용도 담겨 있다. 이 법전의 기록을 통해 함무라비 왕 치하의 바빌로니아는 다민족 · 다인종 사회로 상호간의 교류와 소통이 일상화된 사회이기에 광활한 영토에 걸쳐 공통으로 적용할 통일적인 규범을 제정할 필요에서 반포된 것으로 볼 수 있다.

함무라비 법전에서 가장 중요한 규정은 "눈에는 눈, 이에는 이"라는 이른바 동해보복同害報復의 원칙이라고도 하는 '탈리오의 법칙'lex talionis(talion principle)을 선언한 조항이다.* 이 법칙은 피해자가 자유민(귀족)이거나 가해자와 피해자가 동급의 신분일 경우에는 엄격하게 적용되었지만, 신분이 다른 경우에는 금전적 배상으로 대신할 여지를 남겼다. 또한 살인 혐의를 받은 자가 유프라테스 강에 투신함으로써 신의 재판ordeal을 받을 가능성도 열어 두었다.** 또한 함무라비 법전에는 타락한 재판관을 추방하는 규정,[31] 위증을 처벌하는 규정,[32] 타인의 비방을 금지하는 규정 등도 들어 있다.[33] 그러나 현대법의 관점에서 볼 때 이 법전에 담긴 내용 중 가장 특기할 것은 법의 제정자인

* "눈은 눈으로, 이는 이로, 손은 손으로, 발은 발로, 화상은 화상으로, 상처는 상처로, 멍은 멍으로 갚아야 한다."

** 자신의 힘으로 무사히 헤엄쳐서 나오면 무죄로 인정했던 것으로 추정된다.

국왕 자신도 개정할 수 없는, '본질적인 법'(자연법)이 있다는 것을 인정한 최초의 국가 공적 문서라는 점이다.[34]

고대 이스라엘의 법제도는 이스라엘 민족이 이집트와 메소포타미아에서 겪었던 경험의 소산이다. 구약 성경의 출애굽기는 이스라엘 민족이 이집트로부터 해방된 사실을 서술하면서도, 이집트와 메소포타미아의 정의인 탈리오의 법칙을 충실히 따랐다(출애굽기 21：24~25).

(2) 고대 그리스：플라톤과 아리스토텔레스

인간은 사회적 존재다. 플라톤은 주저 『국가』politeia(The Republic)* 에서 폴리스의 탄생과 관련해 인간의 불완전함을 강조했다. 인간은 불완전한 존재이기 때문에 타인에게 의존할 수밖에 없고, 공동의 지혜 결집을 통해서만 비로소 공동체의 안녕과 발전을 이룩할 수 있다고 주장했다(제2권).

그는 정의로운 국가에서는 백성의 분업과 기능의 분화가 주요한 미덕이고, 모든 사람이 자신에게 합당한 자리에서 합당한 대우를 받을 수 있어야 한다고 주장했다. 다시 말하자면 정의란 '각자가 자신의 직분을 행하는 것이며, 정의로운 나라는 각자가 능력과 소질에 맞는 일을 하는 곳이다. 플라톤은 지혜·용기·절제의 3대 덕목을 제시하고

---

* '국가론', '이상국가론', '공화국' 등등의 제목으로 번역되기도 한다.

개인의 창의, 교육과 경쟁, 기회의 제공, 철인 통치와 이성의 지배를 강조했다(제4권).

플라톤의 정의론은 시력이 떨어진 노인의 독서 행위에 비유해 개인적인 차원의 문제를 제쳐 두고 국가 차원의 문제를 먼저 논한다(제2권). 이러한 방법론에서 두 가지 의미를 추론해 낼 수 있다. 첫째, 공동체 단위로서 국가의 중요성이다. 이는 국가적 정의와 개인적 정의 사이에 간극과 괴리가 생길 수 있다는 것을 암시한다. 개인적 정의의 총화가 국가적 정의가 되어야 한다는 당위는 유효하되, 현실 상황에서 국가적 정의가 선행하고 개인적 정의는 국가에 종속해야 한다는 논리를 뒷받침해 준다. 이러한 관점에서 볼 때 후세의 많은 국가지상주의자들이 플라톤의 '이상국가론'에 의지했음은 자연스런 일이다.

둘째, 플라톤은 "큰 글자를 먼저 읽음으로써 전체 맥락을 파악하고 나면 미세한 작은 글자를 이해하는 것은 어려운 일이 아니다"라고 말한다(제2권). 마치 현대인이 책이나 신문, 잡지의 제목을 읽고 내용을 짐작할 수는 것과 마찬가지 이야기다. 그러나 이러한 순간적인 인식력은 이를 받침해 주는 축적된 지식과 경험을 전제로 한다. 제목이 대변할 수 없는 특수한 상황이 존재할 수 있으며, 때때로 제목이 실상을 왜곡할 수도 있다. 흔히 '나무는 보되 숲을 보지 못하는' 근시안적 편협함을 경계하지만, 개개 나무의 특성을 유념하는 '구체적 정의' 또한 소홀히 하지 않는 균형감이 필요할 것이다.

이러한 비유는 공동체의 정의로운 삶을 영도할 지도자의 덕목이 교육을 통해 배양될 수 있음을 암시한다. 그러나 지도자 양성 교육은 단순한 지식 전달에 그치지 아니하고, 형상의 이면에 자리 잡은 본질(이데아)을 투시하는 능력을 배양하기 위한 교육을 의미한다.

"진정한 교육은 장님의 눈에 빛을 넣어 주는 식의 주입식 교육이 아니야. 우리의 영혼 속에는 이미 학습에 필요한 능력이나 기관이 갖추어져 있네. 그래서 밝은 곳을 보기 위해서는 몸 전체의 기능을 전향시켜야 하듯이 영혼으로 하여금 밝은 부분을 볼 수 있도록 관조하면서 견딜 수 있게 해주는 것이 필요하네. 그것이 최고의 존재인 선을 찾아 터득하는 첩경이라고 우리는 말해 왔네." (제4권) *

『국가』에서 플라톤은 법률가를 국가의 지도자로 상정하지 않고, 일종의 직능인으로 여겼다.** 또한 그는 성문법의 존재에 대해 회의적이며, 도덕·윤리·관습 등 불문 규범의 중요성을 환기시킨다.***

---

* 필수 과목으로 수학, 기하학, 천문학, 그리고 변증법을 순차적으로 든다. "수학은 모든 학문과 기술의 공통된 언어라고 할 수 있다.", "수학은 가장 우수한 사람들이 배우지 않으면 안 될 학문이고, 중도에 포기해서도 안 된다. 머리가 뛰어난 자일수록 어릴 때부터…….", "다음은 기하학, 기하학은 영혼을 진리로 이끌어 철학에 관한 정신을 창조하네. 그리하여 실추된 철학적 기능을 회복하도록 하네."

** "무절제와 질병이 만연하면 법정과 병원이 번창하고 법률가와 의사가 득세한다. 그런 세상은 바람직하지 않다." (『국가』 제3권)

*** "일종의 예의범절을 의미하네. 효도, 언행, 타인에 대한 배려, 이런 것들을 굳이 법으로 정하는 것은 어리석은 일이야." (『국가』 제4권)

그러나 '인류의 위대한 고전'으로 숭앙받는 『국가』보다 만년에 저술한 『법률』이 더욱 현실 적합성이 높다. 『법률』에서 플라톤은 절제의 지혜를 강조하면서 백성의 준법정신과 국가기관에 대한 존중의 미덕을 설파했다. 『법률』은 플라톤의 대화록 가운데 최후의 작품이자 분량이 가장 긴 작품이기도 하다. 이 작품은 플라톤이 현실 정치에서 좌절을 겪은 후에 집필한 것이다. 플라톤은 자신의 이상국가론을 실현하기 위해 아테네를 떠나 시실리에 있는 시라큐스의 왕인 디오니시오스의 정치 고문 생활을 했으나 자신의 기대와는 달리 폭군이 되었으며, 플라톤 자신도 투옥된다.

익명의 아테네의 나그네(소크라테스의 형상화)가 다른 두 사람과 함께 제우스의 동굴 참배에 나선다. 크레타의 고대법을 창설한 미노스는 9년마다 제우스 신의 법을 전수받기 위해 이 순례의 길을 걸었다고 한다. 참배의 여정에서 대화가 벌어진다. 화자 중의 한 사람(Kleinas)은 자신이 새로운 크레타의 식민지에 적용될 법을 제정할 임무와 권한을 부여받았다며, 나그네의 조언을 구한다(3장). 이후 동굴에 이르기까지 전 여정에 걸쳐 노인 세 사람의 대화를 통해 광범위한 법의 문제가 논의된다. 신의 계시, 신의 법과 법의 수권, 법 제정에 따른 지식과 지혜, 철학·종교·정치의 역할, 시민 교육에 있어서의 음악·운동·무용의 역할, 자연법과 자연권 등등의 주제가 토의된다. 토의의 배경이 되는 기초 자료로 아테네와 스파르타Lacedaemonian의 법제도가 동원된다. 앞서 언급한 바와 같이 대화는 "법이란 무엇인가?"로 시작하지 않고, "누가 당신의 법을 제정할 권한이 있는가?"로 시작하는데, 이러한 서

술 방법은 법의 속성과 현실적인 효용을 직시하는 데 유익하다.[35]

플라톤의 양대 작품인 『국가』와 『법률』은 동일 내지 유사한 주제를 다루지만 확연하게 대조되는 태도를 보인다. 『국가』의 모델은 그야말로 이상적인 도시국가인 반면, 『법률』의 무대는 현실의 도시다. 또한 전자가 '상정 가능한 최선의 도시'인 반면 후자는 '차선의 도시'다. 공동체주의가 지배하는 전자의 이상 국가에서는 사유 재산이 폐지되고, 부인도 공유되며, 성문의 법도 존재하지 않는다. 이와 반대로 후자의 법률 도시에서는 사유 재산과 가족제도가 허용되고 성문법도 존재한다.

두 '대화록'에서는 대화의 참여자도 다르다. 전자에서는 소크라테스를 좌장으로 해서 젊은이들이 대화와 토론에 참여하는 반면(케팔로스(Cephalus)는 대화 내용에 흥미를 잃고 일찍 잠자리에 든다) 『법률』에서의 대화자는 모두 풍부한 사회 경험을 갖춘 완숙한 사람들이다. 미숙한 젊은이가 빠진 대화에는 엄숙함과 격식(허례의식을 포함해)이 갖추어져 있다. 『법률』의 등장인물들은 일생 동안 축적한 경험과 지혜를 바탕으로 진지한 토론에 참여함으로써, 문자 그대로 대화의 향연(심포지엄)을 즐긴다. 마치 '두 발은 땅에 딛고 머리는 하늘을 향해' 내미는 그런 실천적 지혜를 보여준다. 그런 의미에서 드높은 이상을 찾아 구름 위를 소요하면서 이상 국가를 건설하려던 청년 플라톤의 열정을, 실패와 좌절을 겪으면서 현실 제도 속에서 이상에 근접하는 차선의 공동체를 건설하는 지혜를 바탕으로 정리한 성숙한 지적 체계의 총결산으로 평가할 수 있다.[36] 따라서 플라톤의 '철인정치철학'의 요지를 현대의 상황에 맞추어 다음과 같이 (재)해석할 수 있을 것이다.

즉 철인이란 초능력보다는 이성의 소유자다. 개인적 차원의 이성은 사회적 이성으로 이어진다. 정의로운 정치를 주도할 철인은 타고나는 것이 아니라 양성되는 것이다. 이성은 교육을 통해 배양되고, 사물의 본질을 꿰뚫어 볼 수 있는 혜안도 타고난 능력 못지않게 교육과 훈련을 통해 배양되는 것이다. 그렇다면 '정의로운 법률가'도 가능한 일이다. 인간의 기본적인 심성에 대한 성찰과 사물의 본질을 직시할 수 있는 심미안, 그리고 공동체 질서에 대한 신념, 변화하는 시대정신에 대한 감수성, 이러한 덕목을 갖춘 법률가라면 응당 정의로운 지도자가 될 것이다. 법은 천재의 영역이 아니라 어른의 영역이다. 천재는 기발한 발상을 통해 새로운 가치관을 제시할 수 있다. 그러나 어른은 경험을 통해 생활의 지혜를 넓혀 나가는 법이다. "판사는 젊어서는 안 돼. 타인의 영혼 속에 깃든 악을 식별할 줄 알아야 돼"(『국가』 제3권)라는 말 속에는 법의 기능과 법률가의 덕목에 대한 암시가 담겨 있다.*

플라톤의 제자로서 근대적 학문의 선구자로 숭앙받는 아리스토텔

---

* 소크라테스의 또 다른 제자인 크노세폰(Xenophon)도 아테네와 스파르타의 법제를 비교하는 저술을 남겼다(『*The Polity of the Athenians and Lacedaemonians*』). 몇 세기 후의 플루타르크(Plutarch)도 전설적인 라케다이몬인(Lacedaemonians)의 법 제정자의 일생을 그린 저술 『*Life of Lykurgus*』에서 아테네, 스파르타의 법제와 B. C. 700년경에 로마에 소개된 누마 폼필리우스(Numa Pompilius) 법제를 비교했다(크노세폰과 플루타르크, 두 사람은 스파르타법의 열렬한 찬미자였다).

레스는 "인간은 사회적(정치적) 동물이다"라는 자신의 명제를 많은 저술을 통해 해제했다. 그는 주저 『정치학』politica과 『윤리학』Ta Ethika (Nichomacean Ethics)에서 법과 정의 문제를 깊이 다루었다. 두 저술은 플라톤의 『국가』에 대한 승계작이자 비판서로 평가할 수 있다. 『정치학』과 『윤리학』은 상호 보완적인 관계에 있는 양대 저술이다. 두 저술을 합해 '인간사에 관한 철학서'philosophy of human affairs라고 명명하기도 한다.[37] 이들 저술 속에는 플라톤의 말기 작 『법률』의 내용이 상당 부분 발전적으로 승계되었다. 『정치학』은 도입부(제1권)에서 국가의 발생 기원과 구성원의 문제를 언급한다. 노예, 가정 경제, 재화 획득 내지는 부의 축적 방법 등의 주제를 다루고, 이어서 인간의 심성에 관한 고찰로 전개된다. "인간은 완성된 경우에는 동물 중에 최상의 동물이다. 그러나 법과 정의에서 벗어나면 동물 가운데 가장 저급의 동물로 전락한다. 왜냐하면 무장한 불의야말로 가장 위해한 것이기 때문이다."

그는 사람은 '사회적(정치적) 동물'이기에 국가의 일원이 되도록 태어난 운명이고, 모든 덕의 총괄인 정의는 국가 공동체만의 몫이라고 여긴 점에서는 스승의 사상을 답습했다. 시간적 개념으로는 개인이나 가족이 국가에 선행하지만, 논리적으로는 국가가 선행한다는 것이 그의 주장의 요체다.

『윤리학』의 직접 주제는 '행복'이다. 행복Eudamonia은 목적을 위한 수단에 그치지 아니하고 인생의 궁극적인 목표, 그 자체다(제1권 4장). 그러므로 행복이란 일시적인 상태가 아니라 일생 동안 쌓은 선행이 약간의 행운과 결합해서 성취한 완성된 상태를 의미한다. 그는 플라톤의 '보편적 선'의 개념을 비판하고, 대신 '중용의 황금률'The golden means을 주장했다(제1권 6장). 이 중용의 황금률은 세 개의 기둥으로 구성된다고 한다.*

아리스토텔레스의 『윤리학』은 개인적인 미덕 차원에서 출발해 사회적인 윤리에 적용했다. 그리하여 정의, 우정, 정치 등의 주제로 많은 체계적인 이론을 전개했다. 또한 아리스토텔레스는 모름지기 정치가라면 이러한 윤리적 목표를 넘어 적절한 기회를 잡을 줄 알고, 현실적으로 가치 있는 목표를 위해 국정을 운영할 능력이 있어야 한다고 주장했다. 아리스토텔레스에 따르면 입법가는 "법이 서야 백성이 선다"는 기치 아래 폴리스에서 자유민이 서로 간에 평등을 향유할 수 있는 공정한 정치·윤리 질서를 창출할 필요가 있었다. 이때 폴리스는 권위주의적 영역인 가정과는 달리 '통치와 피치를 서로 번갈아 맡는' 평등한 시민들로 구성된 장소였다.[38] 다시 말해 폴리스는 위계질서가 아닌 이성이 통치의 원칙을 이루는 공론의 장이었다. 이렇게 사적 영역과 공적 영역 사이의 구분이 뚜렷한 가운데 가족 중에서 가장만이 시민

* 첫째, 선량한 인간이 갖추어야 할 덕목으로서의 균형이다. 체온이 너무 높지도 낮지도 않아야 하듯이, 인간의 성품도 극단으로 치우쳐서는 안 된다고 주장했다. '균형'이란 적정한 시간, 적정한 대상에 대해 적정한 사람이 정당한 목적에 걸맞은 처세를 하는 것이다. 둘째, 자신이 하는 행동에서의 균형이다. 셋째, 미덕은 두 개의 악덕 사이의 균형이다.

** '세계인권선언' 제19조에 나오는 '의견(의사)과 표현의 자유에 관한 권리'(right to freedom of opinion and expression)를 말한다.

이 될 능력이 있다고 인정받아 '의사 표현의 자유'**와 정치적 권리를 행사할 수 있었던 것이다. 아리스토텔레스에게 '옳은 것'right이란 '국가 전체와 시민의 공동 이익에 도움이 되는 것으로서의 권리right'를 뜻했다.[39]

19세기 말에 발견되었고, 아리스토텔레스의 저술 가운데 덜 주목받는 『아테네 헌법』Athenaion Politeia(The Athenian Constitution)은 고대 그리스의 역사와 동시대의 정보를 풍부하게 제공해 준다.* 배심제도, 인신 담보, 형사 범죄, 대리 변제 등 당시 법제 아래서의 세부적 법원리들과 함께 드라콘Drakon, 솔론Solon 등 선행 지도자들의 치적에 대한 평가를 담고 있다. 이를테면 배심제도의 개혁을 솔론의 개혁 헌법의 민주성을 상징하는 것으로 들었다.** [40]

(3) 로마의 법

그리스 철학은 로마와 유럽 문명 전체로 계승되었다. 그리스 철학

---

* 이 저술은 아리스토텔레스의 제자들에 의해 집단 창작된 것으로, 주저 『정치학』을 위한 예비 자료의 성격이 강하다는 평가가 있다.

** "솔론(Solon)의 헌법에서 가장 민주적인 면모를 보인다고 할 수 있는 것에는 세 가지가 있다. (……) 세 번째는 배심재판에 대한 청원제도의 창설이었다. 여기에서 대중의 힘의 위력이 가장 크게 나타난다. 왜냐하면 민주주의가 투표권(voting-power)의 총수(master)라면 이는 곧바로 헌법의 총수기 때문이다. 게다가 법률이 단순하고 명확한 용어로 구성되어 있지 않았기 때문에 불가피하게 분쟁이 발생했고, 재판부는 그것이 공적인 것이든 사적인 것이든 간에 모든 문제에 대해서 결정을 해야만 했다."

의 발전적 계승자인 로마의 키케로Marcus Tullius Cicero(B. C. 106~B. C. 43)는 법치와 공화정 사상으로 존경받는 인물이었고, 로마의 문물 가운데 '세계사에 가장 크게 기여'했다고 이야기되는 로마법이 발전하는 데 큰 영향을 미쳤다.[41] 그리스와 로마 문명은 그리스도교와 교회법의 발전에 큰 영향을 주었고, 세속적인 시민 자격secular citizenship이라는 개념을 창안했으며, 이 개념은 계몽주의 시대 이후에 더욱 확대되었다.[42]

로마의 역사에 대해서는 여러 가지 평가를 내릴 수 있다. 흔히들 로마가 세계를 세 차례 정복했다고 한다. 첫 번째는 무력으로, 두 번째는 기독교로, 그리고 마지막으로는 법을 통해서 세계를 정복했다는 것이다. 비유적으로 말하지만 '법을 통한' '3차' 세계 정복이 인류의 일상적인 삶에 가장 지속적인 영향을 미쳤다고 평할 수 있다. 18세기 이후 유럽 대륙에서 '재발견'된 로마법이 오늘날 전 세계 절대다수의 국가에서 법체계의 뿌리를 내렸다. 로마법의 제정과 발달 과정을 살펴보자.

로마법은 신법神法(Jus divinum), 시민법市民法(Jus Civile), 만민법萬民法(Jus Gentium)으로 나눌 수 있다. 먼저 '신법'은 불문율不文律로 주로 초기의 엄격한 종교 의례, 의식, 관습, 전통으로 구성되었다. 이 '신법'은 12동판법銅板法(The Twelve Tablets, B. C. 449) 제정을 계기로 기록되기 시작했고, 이후 관습법 · 판례 · 칙령 등이 첨가되어 성문화되었는데, 이것이 '시민법'의 제정이었다. 그러나 이 '시민법'은 '신법'과 마찬가지로 그 적용 대상이 로마 시민에게 국한되었으므로 매우 편협하고 배타적이었다.

로마는 정치·군사적인 발전을 통해 영토를 확장하면서 이탈리아 반도를 중심으로 그리스, 마케도니아, 아프리카 북안, 소아시아, 중동 지역 등지를 포함하는 세계 국가로 발전했다. 이에 따라 로마제국 내에는 다양한 외국인이 몰려들어 각종 사업과 직업에 종사하고, 또 그들의 수효도 무시할 수 없게 증가했으며, 각 지역 간의 접촉과 교류가 날로 확대되었다.

그 결과로 로마제국은 이질적인 문화와 다양한 인종으로 구성되었으며, 로마의 시민과 비시민 간의 차이, 로마 민족과 이민족 간의 구별, 또 각 지역 간의 전통과 관습 그리고 문화의 차이로 인해 심각한 마찰·갈등·충돌 등이 발생했다. 또한 사회·경제적으로 미묘한 여러 문제와 연관되어 복잡해졌으므로 종래의 '시민법'만으로는 문제를 해결할 수 없게 되었다. 그리하여 종래 '시민법'의 범위를 넘어선, 그리고 인종·전통·관습의 차이와 구별을 초월한 보편적인 법, 즉 모든 인종에게 합리적이며 공정, 공평한 그리고 시대성에 부합되는 법을 제정하게 되었는데, 이것이 바로 '만민법'이었다. 이 만민법은 후일 국제법의 원조가 되었다고 할 수 있다. 만민법은 인간의 천부적인 평등성 기반 위에 국가도 무시하거나 범할 수 없는 인간의 기본권을 인정하고 약자를 보호하며 인간의 이성과 양심에 승인되고 각 지역의 특수성과 지역에 따라 달라지는 실증법을 초월한 항구 불변의 보편법普遍法, 즉 '자연법'自然法(Jus Naturale)으로 발전했다.[43]

(4) 고대 중국의 법

① '법'(法) 자의 유래

중국과 일본, 우리나라가 공유하는 한자인 '법'法이란 글자는 언제부터 사용했는지 그 유래가 명확하지 않다. 다만 '법' 자에 대한 『설문해자』說文解字의 기록을 보면, 원래의 '법' 자는 법灋이었으며 현재의 법法 자는 시일이 오래 경과하면서 탈화된 약자略字다. 이 법法 자는 '수'水, '치'豸, '거'去의 세 자로 이루어져 있다. 여기에서 수水는 물과 같이 '수평'·공평을 의미하고,* 치豸는 '해태' 또는 '양'과 같은 형상의 동물을 가리킨다. 그리고 거去는 '대'大와 '감'凵으로 되어 있는데, 신수 앞에 서 있는 '피의자'를 의미한다.[44] 이와 같은 글자의 뜻에 비추어 볼 때 중국 상고 시대의 설화 중에 신수神獸에 의한 재판이 있었음을 알 수 있다.[45] 신판神判(Ordeal)제도는 중국뿐만 아니라 고대 제정일치祭政一致의 신정神政 시대 사회에서는 널리 행해졌다.[46] 인간이 다른 인간의 행위를 직접 판단하는 세속법제도가 정착되기 전인 고대에는 선험적·초월적 존재가 내린 판단의 징표를 해석해 내는 방법이 통용되었다. 이러한 신판제도에 의해 피의자의 유무죄를 가려내는 여러 원시적인 방법이 시행되었다.

---

* 사람에 따라서 '법'(法) 자는 '물〔水〕이 흘러가듯〔去〕 무리가 없어야 한다'는 뜻이 담겨 있다는 파자(破字) 해석을 덧붙이기도 한다.

② 성문법의 등장

중국 최초의 성문법은 정鄭나라 재상 자산子産(B. C. ?~B. C. 522)이 주조해서 공포한 형서刑書였다. '형서'는 물론 형사 규제법으로서의 성격이 전면에 부각되었지만, 일반 백성들의 신분 보장과 이익을 옹호하는 측면도 담고 있다. 물론 당시 지배층의 이익과 질서 유지를 전면에 내세웠지만, 이러한 전제 아래 피지배층의 권리도 고려했다는 사실에 주목할 필요가 있다. 이를테면 일반 서민에게도 사유 재산을 침해당할 경우 법적 보호를 위한 소송권이 보장되었으며, 소송은 사회적 신분에 관계없이 법에 의해 공정, 공평하게 해결된다는 사실을 시사하고 있다. 또한 "백성들이 윗사람과 다툴 꼬투리를 알게 되므로 '예'禮를 버릴 것이다"라는 내용은 이제 백성들이 '법'을 알고 '법'에 의지하게 됨으로써 종래에 윗사람을 공경하고 받드는 '예'를 버릴 것이라는 의미인데, 이것은 이제 '예치'가 실종되고 '법치'가 대두함을 뜻한다. "송곳 끝 같은 작은 일도 모두 법으로 다투게 될 것이다"라는 구절은 일상적인 분쟁을 '법'에 의해 해결할 것이라는 우려의 표현이다. 또한 "소송하는 일이 많아지고 뇌물이 성행할 것이다"라는 경구는 사실상 사유재산제도가 정착되었고, 일반 백성이 소송권을 보유했음을 입증한다.[47]

③ 서경(書經)

중국 5대 경전의 하나로 평가받는 『서경』書經에서도 상고 시대 법제도의 일면을 고찰할 수 있다. 상고 시대의 숭고한 말씀으로 인식되어

‘상서’尙書라는 별칭을 얻고 있는 이 책은 우禹·하夏·은殷·주周 나라 제왕들의 정치적 발언과 행적에 대한 기록이다. 요지인즉 요순 시절에도 다스리는 법은 있었고, 이는 다섯 가지 형벌〔五刑〕*을 기본으로 하되 다만 엄한 집행 이면에는 특별한 사정에 따라 재량의 여지를 남겨 두었다는 것이다.[48] 이는 제1편 「우서」虞書의 2장 ‘순전’舜典의 한 구절에 잘 나타나 있다.** “법으로 형벌을 정하시되 오형五刑을 너그럽게 집행해 귀양으로 대체하셨고, 채찍을 관청의 형벌로 삼았으며, 금전으로 속죄하는 제도를 만들었고, 과실이나 본의 아니게 저지른 죄는 방면하며, 고의 또는 상습적인 범죄는 반드시 벌하되 신중하게 형벌제도를 운용했다.”*** 오형을 너그럽게 했다는 구절에서 짐작할 수 있듯이 순임금 이전인 요堯임금의 시대에도 형벌이 있었던 것으로 추측되나 ‘요전’堯典에서는 이에 대한 언급을 찾을 수 없다. 이는 덕치를 강조하는 유교사상의 영향 때문이라 보인다. 특히 오형에 대한 설명에서 알 수 있듯이, 형의 가혹함이 적정한 수준을 넘었음을 인식해 순임금이 ‘귀양’이라는 새로운 형식 내지는 완화된 대안적 형벌을 채

---

* 얼굴을 먹으로 뜨는 묵형(墨刑), 코를 베는 의형(劓刑), 발을 자르는 월형(刖刑), 거세를 하는 궁형(宮刑), 그리고 사형〔大辟〕을 가리킴.

** “상이전형(象以典刑)하시되 유유오형(流宥五刑)하시며 편작관형(鞭作官刑)하시고 복작교형(扑作教刑)하시되 금작속형(金作贖刑)하시며 생재(眚災)는 사사(肆赦)하시고 호종(怙終)은 적형(賊刑)하시되 흠재흠재(欽哉欽哉)하사 유형지휼재(惟刑之恤哉)하시다.”

*** 순임금이 5년에 한 번씩 제후들을 순시하면서 보고를 받는 연두 순시에 해당한다. 이기동 역해, 『서경강설』(성균관대학교출판부, 2007), 67~68쪽.

택한 기록이 있다. 이는 순임금의 덕치 원칙과 함께 오늘날 실체적 죄형법정주의에서 강조되는 적절한 형벌 사상의 면모를 확인할 수 있다. 특히 형벌을 다룸에 있어 신중하라는 순임금의 반복된 언급은 형사 실체법적 관점뿐만 아니라, 형벌의 집행 절차에서도 신중함을 뜻한다고 볼 수 있다. 이 원문에 바로 덧붙여 사흉이라 불리던 인물들에 대한 형벌 집행이 명시되어 있는데, 모두 기본적으로 유형(귀양살이)에 처했다는 점은 중요하다고 볼 수 있다.* 또한 제1편 「우서」 2장 '순전'은 "고요야! 변방의 오랑캐가 중하를 침범해 노략질하고 해치고 나쁜 일을 하고 도적질을 하는구나. 너를 사사로 삼으니, (그들을) 다섯 가지 형벌에 처하되 다섯 가지 처벌을 세 곳에 가서 하고, 다섯 가지 귀양 보내는 형벌을 내릴 때 머무는 집이 있게 하되 다섯 가지 머무는 집을 세 구역으로 나누어 거처하게 해야 할 것이니, 분명하게 살펴야 미덥게 처리할 수 있을 것이다"라는 순임금의 말을 담고 있다.**

이 밖에도 제1편 3장 '대우모'大禹謨와 5장 '익직'益稷, 제3편 「상서」

---

* 사흉임에도 불구하고 오형의 극악한 형벌이 아닌, 순임금이 반포한 형법전에 근거한 대로 유형에 처했다는 사실은 형법전 문언의 위력을 더해 주었고, 자의에 의한 지배가 아닌 법에 따른 지배를 보여주었으며, 결국 천하가 순임금에게 복종하게 되었다는 본정의 결미〔而天下咸服〕를 이해할 수 있게 만든다.

** "제왈(帝曰), 고요(皐陶)아 만이활하(蠻夷猾夏)하여 구적간귀(寇賊姦宄)할새 여작사(汝作士)니 오형(五刑)에 유복(有服)하되 오복(五服)을 삼취(三就)하며 오류(五流)에 유택(有宅)하되 오택(五宅)에 삼거(三居)니 유명(惟明)이라사 극윤(克允)하리라." 이기동, 앞의 책, 77쪽.

尙書의 4장 '이훈'伊訓과 17장 '미자'微子, 제4편 「주서」周書의 11장 '강고'康誥 · 17장 '무일'無逸 · 29장 '여형'呂刑 등에도 이러한 형벌 사상과 원칙이 잘 나타나 있다.[49]

④ 법가(法家)의 등장 -『한비자』(韓非子)

춘추전국 시대에는 실로 다양하고 독특한 학술과 사상이 발흥해 제자백가 시대를 연출했는데, 그중에서 후대 역사에 가장 영향을 미쳤던 학파와 사상은 유가사상, 도가사상, 묵가가상, 그리고 법가사상이었다고 할 수 있다. 이들 4대 학파는 제각기 새로운 정치사상과 독특한 구세관을 제시해 전국 난세戰國亂世를 종식시키고 천하를 통일함으로써 태평성대를 이루는 데 기여하고자 했다. 발생 순서로 보면 맨 먼저 공자의 유가사상이 창도唱導되고, 여기에 직간접적으로 영향과 자극을 받고 또 비판·통박 하고 대립하면서 도가사상과 묵가사상이 성립되었으며, 맨 나중에 법가사상이 출현했다.[50]

'법가'法家라는 용어가 처음 등장하는 문헌은 한대 사마천司馬遷의 『사기』史記다. 전국 시대 이래로 각국에서는 부국강병책을 요구함에 따라 경제 진흥과 강병 육성에 관한 여러 사상과 학설이 발흥했다. 그중에서 법술法術, 형명刑名 등의 학문과 사상이 현실에 가장 부합했으므로 해를 거듭하는 사이에 연마, 발전되어 오다가 『한비자』韓非子에 이르러 일가一家의 학설로 종합되었던 것 같다.[51]

한비韓非가 법가사상의 완성자로 통칭되지만, 그에 앞서 개인의 사적인 이익 추구를 막고 나라의 이익을 우선으로 하는 '법'法을 주창한 상앙商鞅, 신하를 조종하는 인사 정책인 '술'術을 강조한 신불해申不害, (군주만이 갖는 권세인) '세'勢를 강조한 신도愼到의 사상이 먼저 선을 보였다. 한비는 이들 3대 계보를 모두 종합해 법가사상을 완성한 것이다.

"법도만이 영원한 강국을 만든다"라는 구절이 한비의 법치사상을 단적으로 대변해 준다.[52] 한비의 법치론은 군주의 통치 철학의 기본 원리를 천명하는 동시에* 법의 엄정한 집행,** 인재의 등용 기준,*** 상벌의 기준, 주변 인물에 대한 경계 수칙[53] 등 군주의 통치를 위한 포괄적인 체계를 갖추었다.[54]

한비에 따르면 법을 세우고 집행하는 권한은 군주의 고유한 권리다.[55] 그러므로 군주가 법을 공포하면 누구나 준수해야 한다. 그러나 군주의 법이 준수 의무를 강제할 수 있기 위해서는 갖추어야 할 정당한 전제 조건이 있다. 즉, 구체적으로 법이 공공의 성격을 갖추어야 하며(功利性), 시대의 요구에 부응해야 하고, 통일성·인간의 본성과 감정에 부합해야 하며, 그 내용이 분명하고 명확해야 한다. 그리고 법 집행

---

* 망할 징조가 보이는 나라를 징벌할 수 있는 나라는 법치가 강한 나라뿐이다. 여기에서 그는 나라가 망하는 내재적 원인을 자세하게 지적한 후에 외재적 조건을 강조하는 형식을 취했다. 군주의 권세가 약하고 신하의 권세가 강하면 그 나라는 망하기 마련이라는 것이 요지다. 한비, 김원중 역, 『한비자: 공명정대한 법치 리더십의 고전』 제12편 「망징」(亡徵), 125쪽.

** "현명한 군주는 자신의 신하를 기르면서 모든 것을 국법에 따라 실행하고, 사형에 해당하는 죄를 사면해도 안 되며, 함부로 관용을 베풀어서도 안 된다."

*** "법에 따라 인재를 채용해야 하고, 다른 신하들의 평판에 근거해 임용해서는 안 된다."

에 있어 상은 후하게 벌은 엄중하게 부과해야 한다는 것이다.*

한비의 법가사상은 인간의 사회적 본성을 이기적인 존재로 파악하는 전제에서 시작한다. 이 점에도 순자荀子의 성악설을 수용한 것으로 볼 수 있다. 양자 모두 타고난 인간의 악한 심성을 선하게 바꿀 수 있다고 한다. 그러나 순자는 교화에 역점을 두었으나, 한비는 상과 벌을 이용해야 한다고 주장한 점에서 대비된다.[56] 한비는 인간의 (사악한) 이기심을 부모가 낳은 아이가 아들일 경우와 딸일 경우에 취하는 행동의 차이로 설명했다. 딸보다 아들을 선호하는 이유는 자신의 노후 부양을 걱정하기 때문이라는 것이다. 그에 의하면 인간의 본성은 이해득실을 따질 뿐 도덕성은 거의 고려하지 않는다. 이런 관점에서 볼 때 인간의 사회적 본성은 악한 것이다.

부부나 형제 사이에도 이해가 엇갈리기 마련이다. 특히 군주와 신하는 타인으로 만나 각자의 이해를 추구하기 때문에, 군주가 신하의 충성심을 요구하거나 자신의 도덕에만 의존해서 다스리는 것은 어리석은 일이다.[57] 그래서 군주가 신하를 다스리는 유일한 방법으로 법을 제시한 것이다.

한비는 시대의 변화에 따른 사회적인 요구를 정확히 파악해 이에 적절하게 대처해야 한다고 주장한 관점에서 지극히 현실적인 통찰력을 보였다.** 전국 시대의 국제 관계는 철저한 약육강식의 원리에 의

* "신하를 다스리는 통치술, 형(刑)과 덕(德), 상(賞)과 벌(罰)을 적정하게 활용해야 한다." 한비, 김원중 역, 『한비자: 공명정대한 법치 리더십의 고전』 제5편 「이병」(二柄), 51쪽.

해 지배되므로, 법치를 통해 부국강병을 이루어야 한다고 믿었다. 그런 측면에서 유가를 비롯한 고대 성현들의 주장에 일정한 동의를 보이면서도 현실적인 치세의 지혜를 강조한다. 「오두」五蠹 편에서 나라를 갉아먹어 장래를 망치는 다섯 마리 좀의 하나로 명분론을 중시하는 유가儒家를 들고 있다.*** 그러나 한비의 법치사상은 철저하게 절대 군주의 통치술이라는 관점에서 제시된 것이라는 시대적 한계를 지닌다.

상앙과 한비자를 포함한 법가들의 '법'·법치에 기반한 통치 사상과 구세관, 그리고 '법'·법치에 기반한 변법·개혁의 성공은 중국 통일의 원동력을 창출했을 뿐만 아니라 '예치'·'덕치'를 주장한 유가, '무위지치'를 역설한 도가, '겸애'와 '상동' 정치를 주장한 묵가 등 다른 학파와의 치열한 경쟁에서 거둔 법가들의 사상적 승리였다. 또한 종래의 봉건적 권위와 기득권을 수호하고 귀천유등貴賤有等의 전통 사회를 견지하려 했던 봉건 귀족들과 장기간 피 어린 투쟁을 전개해 온 법가들의 정치적 승리였다. 그리고 상앙의 변법·개혁을 통해 탄생한

** "법을 밝히는 것〔명법〕이 군주의 도리다. 시대의 흐름에 따라 옛 법도와 오래된 풍속을 바꾼다." 한비, 김원중 역, 『한비자: 공명정대한 법치 리더십의 고전』 제15편 「남면」(南面) 143쪽.

*** 인의 도덕 정치를 주장하는 유가, 세객(說客), 종횡가(縱橫家), 사사로운 무력으로 나라를 해치는 유협(游俠), 공권력에 의지해 조세나 병역을 면탈하는 권문귀족, 농민의 이익을 착취하는 상공인, 이들 다섯 무리의 좀벌레들은 법으로 강력하게 다스려야 한다고 주장했다. 한비, 김원중 역, 『한비자: 공명정대한 법치 리더십의 고전』 제32편 「오두」(五蠹), 430~445쪽.

진나라의 전제적·중앙집권 국가체제는 진한제국을 거쳐 신해혁명辛亥革命 직전까지 중국에서 장구히 계속되어 왔는데, 이와 같은 사실은 법가들의 변법·개혁의 성과와 법치사상이 중국 역사에 얼마나 깊고 길게 영향을 미쳤는가를 말해 준다.[58]

주

1 영어 번역본은 http//classics.mit.edu/Plato/laws.html, written 360 B. C. translated by Benjamin Jowett. 국내 번역본으로는 최민홍 역, 『플라톤전집: 소크라테스의 대화』(상서각, 1973).

2 Athenian Stranger. "Tell me, Strangers, is a God or some man supposed to be the author of your laws?" Book 1, opening lines.

3 후술 주 24의 본문 참조.

4 Law, say the gardeners, is the sun, // Law is the one // All gardeners obey // To-morrow, yesterday, to-day.

5 Law is the wisdom of the old, // The impotent grandfathers feebly scold; // The grandchildren put out a treble tongue, // Law is the senses of the young.

6 Law, says the priest with a priestly look, // Expounding to an unpriestly people, // Law is the words in my priestly book, // Law is my pulpit and my steeple.

7 Law, says the judge as he looks down his nose, // Speaking clearly and most severely, // Law is as I've told you before, // Law is as you know I suppose, // Law is but let me explain it once more, // Law is The Law.

8 Yet law-abiding scholars write: // Law is neither wrong nor right, // Law is only crimes Punished by places and by times, // Law is the clothes men wear Anytime, anywhere, // Law is Good morning and Good night.

9 Others say, Law is our Fate; // Others say, Law is our State; // Others say, others say // Law is no more, Law has gone away.

10 And always the loud angry crowd, // Very angry and very loud, // Law is We, // And always the soft idiot softly Me.

11 If we, dear, know we know no more // Than they about the Law, // If I no more than you // Know what we should and should not do // Except that all agree // Gladly or miserably // That the Law is // And that all know this // If therefore thinking it absurd // To identify Law with some other word, // Unlike so many men // I cannot say Law is again, // No more than they can we suppress // The universal wish to guess // Or slip out of our own position // Into an unconcerned condition. // Although I can at least confine // Your vanity and mine // To stating timidly // A timid similarity, // We shall boast anyway: // Like love I say.

12 Like love we don't know where or why, // Like love we can't compel or fly, // Like love we often weep, // Like love we seldom keep.

13 학술진흥재단, 석학과 함께하는 인문강좌 시리즈 02: 김남두, 「문명의 텍스트로 읽는 '국가'」 2강 "오늘의 세계에 던지는 플라톤의 물음", 14~15쪽.

14 같은 곳.

15 Lawrence M. Friedman, *A History of American Law*, 3d ed. (New York: Simon & Schuster, 2005); 로렌스 M. 프리드만, 안경환 역, 『미국법의 역사』(청림출판, 2006) 참조.

16 Alexis de Tocqueville, *Democracy in America* (1861), trans. George Lawrence, ed. J. P. Mayer (Garden City, New York: Doubleday & Company, Inc., 1969), p. xiii.

17 '미국 예외주의'(American Exceptionalism)에 관한 많은 문헌이 있다. 국내에 소개된 것 중에는 Seymour Martin Lipset, *American Exceptionalism: A Double-Edged Sword* (New York: W. W. Norton, 1996); 세이무어 마틴 립셋, 문지영 등 역, 『미국 예외주의』(후마니타스, 2006). 이 책은 사회주의 정당이 없는 미국의 예외성을 분석한다.

18 Ronald Dworkin, *Taking Rights Seriously* (London: General Duckworth & Co., 1977), p. vii.

19 최종고, 『정의의 상을 찾아서』(서울대학교출판부, 1994).

20 Herodotus, Histories, 219–220; Micheline Ishay, *The History of Human Rights: From Ancient Times to the Globalization Era* (Berkeley: University of California Press, 2004); 미셸린 이샤이, 조효제 역, 『세계인권사상사』(길, 2005), 54쪽에서 재인용.

21 안경환, 「그리스 고전에 나타난 법」, 『법과 사회』 제7호(1992), 30~45쪽; 안경환, 『법과 문학 사이』(까치, 1995), 43~46쪽.

22 Micheline Ishay, 앞의 책, 58쪽 이하.

23 같은 책, 72쪽.

24 Oliver Wendell Holmes, Jr., "The Path of the Law", 10 *Harvard Law Review* 457 (1897).

25 Albert W. Alschuler, *Law Without Values: The Life, Work and Legacy of Justice Holmes* (Chicago: University of Chicago Press, 2000); 앨버트 앨슐러, 최봉철 역, 『미국법의 사이비 영웅 홈즈 평전』(청림출판, 2008).

26 안경환, 「법률가를 몰살하자: 셰익스피어의 진의는?」, 『법과 사회』 제15호(1997), 230~246쪽; Daniel J. Kornstein, *Kill All The Lawyers?: Shakespeare's Legal Appeal* Ch. 2 (Princeton: Princeton University Press, 1994).

27 안경환, 「햄릿과 살인죄」, 『사법행정』(1992년 4·5월 호); 안경환, 『법과 문학 사이』(까치, 1995), 244~246쪽.

28 안경환, 「21세기 한국법학의 지향 목표」, 『서울대학교 법학』 47–4(서울대학교 법학연구소, 2006), 1~12쪽.

29 안경환, 「21세기 기본권과 인간상」, 『헌법학연구』 5–2(한국헌법학회, 1999), 5~16쪽.

30 아담 스미스, 박세일·민경국 역, 『도덕감정론』 (비봉출판사, 1996).

31 Driver, G. R. and Miles, J. C., *The Babylonian Laws* (Oxford: The Clarendon Press, 1955), 54·78쪽.

32 같은 책, 68쪽.

33 같은 책, 65쪽.

34 Micheline Ishay, 앞의 책, 59쪽.

35 앞의 주 1, 본문 참조.

36 박종현, 「플라톤의 'Nomoi 연구'」, 안경환 엮음, 『플라톤의 법사상』(서울대학교 법과대학 대학원, 2001), 148~170쪽.

37 http://en.wikipedia.org/wiki/Politics, Aristotle

38 Aristotle, *The Politics*. bk. 3, chap. 13, trans. T. A. Sinclair (London: Penguin, 1962), 313쪽.

39 Aristotle, 위의 책, 313쪽.

40 P. J. Rhodes, *A Commentary on the Aristotelian Athenaion Politeia* (Oxford: Oxford University Press, 1993); http://classics.mit.edu/Aristotle/athenian-const.1.1.html *The Athenian Constitution* Part 9.

41 Micheline Ishay, 앞의 책, 80쪽.

42 같은 책.

43 같은 책, 328~329쪽.

44 시라카와 시즈카(白川靜), 『자통』(字通)(東京: 平凡社, 1984), 785~786쪽; 이춘식, 『춘추전국시대의 법치사상과 세(勢), 술(術)』, 대우학술총서 543(아카넷, 2002), 45~46쪽에서 재인용.

45 이춘식, 같은 책, 46쪽.

46 박영철, 「獬豸考: 中國에 있어서의 神判의 向方」, 『동양사학연구』(東洋史學硏究) 제61집(1998), 3~4쪽 참조.

47 이춘식, 앞의 책, 69~70쪽.

48 이기동 역해, 『서경강설』(성균관대학교출판부, 2007), 67쪽.

49 이기동, 위의 책, 99~100, 142~143, 235~237, 335~337, 461~463, 563~564, 693~695쪽.

50 이춘식, 앞의 책, 30~31쪽.

51 같은 책, 28~29쪽.

52 한비, 김원중 역, 『한비자: 공명정대한 법치 리더십의 고전』 제4편 「유도」(有度)(현암사, 2003), 43쪽.

53 위의 책 제6편 「팔간」(八姦), 57쪽.

54 위의 책 제2편 「애신」(愛臣), 33쪽.

55 같은책, 11~25쪽.

56 한비, 김원중 역, 『한비자: 공명정대한 법치 리더십의 고전』 제5편 「이병」(二柄), 20쪽.

57 위의 책 제16편 「식사」(飾邪), 149쪽.

58 위의 책 제32편 「오두」(五蠹), 359쪽.

2장

현대 사회에서의 법의 역할과 인권

I

현대 사회의 특성

(1) 전쟁과 혁명의 시대에서 평화와 법의 시대로

20세기에서 21세기로 바뀜을 한마디로 '전쟁의 시대에서 법의 시대로'의 이행이라고 성격을 규정할 수 있다. 또한 법이 '정치의 아들'인 시대에서 '정치의 아버지'가 되는 시대라는 수사적 표현도 시도해 볼 수 있다. 크게 보아 20세기 초반에 이르기까지의 인류사에서 분쟁 해결의 주된 수단은 전쟁이었다. 국가와 민족 사이의 공존에 긴장이 누적되면 전쟁이 발발하기 마련이고, 그 전쟁의 결과로 탄생한 체제와 질서는 새로운 전쟁에 이르기까지 잠정적으로 유지될 뿐이었다. 이러한 전쟁의 시대에는 법의 역할이 축소되었다. 법은 전쟁으로 탄생한 질서를 또 다른 전쟁에 의해 대체되기까지 일시적으로 유지하는 수단에 불과했다. 그러한 시대의 법질서는 한시적, 단속적인 성격을 띤다.

흔히 '국제법의 아버지'로 불리는 그로티우스Hugo Grotius(1583~1645)의 고전적 저술은 국제법을 일러 『전쟁과 평화의 법』De jure belli ac pacis(1625)으로 명명했다. 그러나 엄밀하게 따져 보면 인류 역사에서 (실제 기간에 무관하게) 전쟁이 원칙이고, 평화는 예외였다. 이른바 '평화의 시기'란 따지고 보면 다름 아닌 전쟁을 준비하는 시기였고, 평화란 전쟁과 전쟁 사이를 이어 주는 짧은 이음새에 불과했다. 다른 말로 하면, 인류의 역사는 전쟁을 치르거나 아니면 전쟁을 준비하는 과정의 연속이었다.

마찬가지로 새로운 세기는 혁명이 법으로 대체되는 시대라고 말할 수 있다. 한 사회 내부의 동인에 의해 공동체의 구성 원리가 본질적으로 바뀌는 혁명은 20세기의 종말과 더불어 점차 사라져 가고 있다. 전쟁과 혁명의 시대가 평화와 법의 시대로 대체됨으로써 국제적·국내적 차원에서 공히 법의 역할이 증대된다. 국제사회에서의 분쟁은 법의 원리에 의해 결말이 난다. 과거에는 무력에 의해 판가름 나던 것이 이제는 합리적인 이성과 논리에 의해 판가름이 난다. 국내 질서에서는 종래의 입법, 행정에 비해 현저하게 뒤져 있던 사법의 역할이 증대된다. 새로운 시대의 법은 공동체의 영속적인 가치를 지속적으로 실현하는 가장 중요한 수단으로 작용한다.

(2) 여성적 미덕의 부각

'전쟁의 시대'에는 전쟁을 효과적으로 수행하기 위한 제반 사회체제가 갖추어져야 한다. 실제로 전쟁을 치르는 중에는 물론, 평화의 시기에도 전쟁을 유념한 사회적 조직과 윤리가 갖추어져야만 한다. 견고한 명령 지휘체계와 문화가 형성되어 있어야만 한다. 이러한 시대상을 반영해서 탄생한 전형적인 사회제도가 가부장제다. 가부장제는 전쟁을 통해 분쟁을 해결하던 시대의 상징이기도 하다. 인류의 역사가 거시적인 정치사의 관점에서는 군주의 지위와 권한을 두고 벌인 논쟁의 역사였다면, 가족 사회사의 관점에서는 가장의 지위와 권한을 두고 벌인 논쟁의 역사라고 할 수 있다. 이렇듯 강력한 가부장제는 '전쟁 시대'의 보편적인 윤리였다. 이러한 관점에서 앞서 1장에서 살펴본 그리스 비극의 아버지 아이스킬로스의 작품 『오레스테이아』는 상징하는 바가 크다. 이 작품에서 어머니를 살해한 오레스테스에 대한 '혈족 살해' 재판이 행해진 법정은 아레오파고스Areopagus 언덕에 세워진다. 그런데 이곳은 법정이 세워지기 전에는 전쟁의 신, 아레스를 봉헌하던 곳이다. 분쟁을 공적으로 해결하는 장소가 전장戰場 대신 법정으로 대치된 것은 전쟁의 시대에서 법의 시대로의 이행을 상징하기에 충분하다. 바로 이러한 시대의 변화를 상징하는 장소에서 열린 재판에서 모자간의 혈족 관계를 부정하면서 "어머니는 단지 아버지의 정자 보관소일 뿐이다"라는 공식적인 법을 판결로 선언한 것은 법이 남성 중심의 가부장체제를 견고하게 뒷받침해 준다는 의미를 갖는다.

이는 "인류의 역사history는 곧바로 남성의 역사his story였다"는 20세기 후반 페미니스트 이론가들의 고발을 뒷받침해 주는 신화 속의 사회상이기도 하다.

전쟁의 시기에 가려져 있던 여성적인 미덕은 평화의 시기에 빛이 난다. 절대적인 지배 복종의 위계질서, 물리력에 의존하는 분쟁의 해결 등 전쟁체제에서 극대화되는 남성적인 미덕은 평화 시에는 오히려 차별과 편견, 그리고 폭력적인 사회 분위기를 조장해 사회 계층간의 갈등을 야기하는 원인이 된다. 이와 반대로 수평적인 관계, 타인에 대한 배려, 비폭력적·이성적 문제 해결 등을 특징으로 하는 여성적 미덕이 전면에 부각된다.[1]

20세기 후반에 들어와서 전 세계적으로 가속되는 이러한 시대 조류의 변화는 여성에 대한 차별 철폐에서 그치지 아니하고, 평화·환경·반부패·소비자 운동 등 일상적인 영역에서 커다란 변화를 일으키는 원동력이 되고 있다. 평화의 시대에 분쟁 해결 수단인 법의 역할이 더욱 주목을 받고, 이성적인 논리와 서비스 정신이 가장 중요한 직업적 자격 요건인 법률가의 세계에 여성 인력이 급격하게 늘어나는 추세는 바로 이러한 시대적 변화의 징표이기도 하다.

(3) 과학기술의 보편화

인류의 삶에서 가장 극적인 질적 변화는 과학기술의 발전에 따라 좌우되었다. 과학기술의 발전이 인류의 삶을 질적으로 제고하는 데 기여한 공로는 혁혁하다. 서양 역사에서 중요한, 인간 정신을 해방하는 데 결정적으로 기여한 역사적 사건의 예로 인용되는 루터Martin Luther(1483~1546)의 종교개혁이 성공한 것도 인쇄술의 발달에서 결정적인 도움을 얻었다. 루터가 종교개혁을 이끌기 200여 년 전부터 수많은 선각자들이 교회의 개혁을 부르짖었지만, 자신들의 주장을 확산시킬 매체가 없었다. 1517년 10월 31일, 비텐베르크 만성萬聖 교회 정문에 내다 붙인 루터의 대자보 95개 조항(면죄부에 관한 95개조 논제)은 이미 40년 전에 실용화된 구텐베르크Johannes Gutenberg의 인쇄술에 힘입어 전 유럽 지역에 확산되었던 것이다.[2] 노예 해방도 기계의 발명에 결정적으로 힘입었다. 오랜 세월에 걸쳐 지구 전역에 성행하던 노예제도가 소멸된 것도 정치적 투쟁, 종교적 관용, 인간 존엄에 대한 인식 확대 등등의 인문적 요소 못지않게 기계의 발명으로 인해 인간의 육체적 노동력에 의존할 필요가 급감한 사실에 기인한다.

오늘날 과학기술은 특수한 선도 집단이나 국가의 정책을 넘어, 보통 사람들의 일상을 깊이 지배하고 있다. 한 예로 통신, 정보과학의 발달은 언론의 자유 신장을 통해 사회 전체의 민주화에 절대적으로 기여하고 있다. 환경 문제 등 과학기술의 발전에 수반되는 여러 부작용에도 불구하고 과학기술의 발전이 사회의 비인간화보다 인간화에 더욱 기여한 사실은 의심의 여지가 없다.[3]

(4) 일상적 규범으로서의 법과 인권

과거에는 법과 인권 문제는 주로 일상을 크게 벗어난 비상적인 상황에서 발생했다. 법도 인권도 개인적인 불행이나 사회적 부정의와 연관된 부정적인 개념이었다. 법이라는 어휘가 연상시키는 공권력이나 인권이라는 단어에서 풍기는 피의 냄새가 일상의 문제로 법과 인권을 논의할 수 없도록 가로막았다. 그러나 전쟁과 혁명으로 상징되는 격동의 역사를 뒤로하고 일상의 안정이 확보된 사회에서는 법과 인권 또한 오든의 시가 적정하게 전달하듯이 아침 · 저녁 인사good morning, good night(1장 참조)처럼 일상적인 것이 되었다. 그 누구도 왜 있는지, 어디 있는지 묻지 않고 굳이 물을 필요도 없는 너무나도 당연한 일상의 의례, 바로 그것이 법이다. 그리고 일상적인 법에 의지해서 시민이 일용할 양식, 그것이 바로 인권이기도 하다(4장 참조).

2

현대 사회와 헌법

(1) 시민종교(civil religion)로서의 헌법

민주 사회에서 헌법은 '시민종교'라는 말이 있다.[4] 사람들이 모여서 공동생활을 하면 서로 의견이 다르고 갈등이 생기기 마련이다. 이러한 갈등을 해결하는 권위와 기준은 무엇인가? 제정일치 시대의 고대 국가에서는 종교 경전이 최고의 규범이었다. 구약 시대 유대인의 모세 경전이나 초기 이슬람 세계에서의 코란은 이러한 절대 위용을 지닌 전범이었다.

그러나 오늘날에는 신神 대신 인간의 이성과 지혜를 바탕으로 만든 법이 사람들의 다툼을 판단하는 기준이다. 다양한 종교의 신봉자가 공존하는 세속 국가에서는 특정 종교의 원리를 전범으로 삼을 수 없다. 정교분리의 원리가 확립된 세속 국가에서는 헌법이 최고법이고, 국정과 국민 생활 전반에 걸쳐 헌법이 궁극적인 기준이 된다. 이런 관점에서 헌법은 모든 사람에게 신봉을 강요하는 세속 종교라고 할 수 있다.

전통적으로 종교는 사회의 통합과 결속에 기여해 왔다. 일찍이 종교의 사회적 기능에 주목한 뒤르켐Emile Durkheim(1858~1917)은 종교란 "개인들이 자신이 속한 사회를 표상하는 관념들의 체계" 또는 "성스러운sacred 사물들, 즉 구분되고 금지된 사물들과 관련된 신념과 의례들이 결합된 체계"라고 정의했다. "이러한 신념과 의례들은 교회라고 불리는 단일한 도덕적 공동체 안으로 그것을 신봉하는 모든 사람들을 통합시킨다." 뒤르켐에 따르면 상징체계symbolism는 사회적인 삶의 필수 조건으로, 사회는 상징체계를 통해 안정성과 계속성을 띠는 하나의 영성체communion가 된다.[5] 근대에 들어와서 진행된 세속화secularization와 더불어 초자연적인 상징체계는 점차 세속적인 상징체계와 이데올로기로 대체되었으며, 여기에 결정적인 영향을 미친 것이 계몽주의였다. 이러한 과정을 베버Maximilian Weber(1864~1920)는 '세계의 탈주술화脫呪術化'라고 불렀다. 그러나 뒤르켐적인 종교 개념에 의하면, 근대적인 사회라 할지라도 그 사회가 통합을 유지하려면 어떤 성스러운 상징체계가 존재해야만 한다. 즉 세속적 상징체계도 신성함을 지닐 수 있는 것이다.

뒤르켐에 앞서서 루소Jean Jaques Rousseau(1712~1778)가 종교의 정치적 기능에 대해 논한 바 있다. 『사회계약론』Du Contrat Social ou Principes du Droit Politique(1762) 제4권 8장에 나오는 루소의 견해에 따르면, 국가가 존립하기 위해서는 종교의 토대가 필요한데, 기독교는 이러한 구실을 하지 못하고 오히려 별도의 권위를 형성함으로써 국가의 힘을 약화시킨다. "시민에게 자기 의무를 사랑하게 만드는 하나의 종교를 시민 저마다가 갖는다는 것은 국가에 매우 중요한 일이다." 그런데 독점적인 하나의 국교는 이미 불가능해졌으므로, 딴 종교를 묵인하는 종교는 모두 묵인되어야 한다. 즉 국가와 그 구성원들이 관심을 갖는 종교의 교리는, 시민이 남에게 다해야 할 도덕이나 의무와 부합되는 영역에 국한된다. 따라서 국가에 필요하고 또 가능한 유일한 종교로서 국가가 정하는 시민종교의 교리는 "힘 있고 슬기롭고 자비롭고 선견지명이 있으며 자상한 신의 존재, 내세, 선인들의 행복과 악인들에 대한 벌, 사회계약과 법들의 신성함"이다.[6]

토크빌Alexis de Tocqueville(1805~1859)도 뒤르켐과 루소처럼 종교의 사회적 효용을 강조한다. 미국의 민주공화정을 지탱하는 요인들 가운데 가장 중요한 것이 종교와 교육, 즉 국민들의 습속manners(mores)이라고 보는 토크빌은 "종교가 미국 정치제도들 가운데 으뜸가는 것으로 여겨져야 한다"고 말한다.[7]

이렇게 국가의 존립을 위해서, 사회의 결속을 위해서, 공통의 도덕적 신념을 위해서 공통의 종교가 필요하다는 루소, 뒤르켐, 토크빌 등의 견해를 배경으로 제기된 것이 바로 로버트 벨라Robert N. Bellah(1927~)의 '시민종교 테제'civil religion these다. "교회와 국가의 분리를 염두에 둘 때 도대체 대통령이 '신'이라는 단어를 사용하는 것이 어떻게 정당화되는가? 정교분리에도 불구하고 정치 영역에서 종교적 차원은 부정되지 않았다는 것이 해답이다. 시민종교는 "모든 국민들의 삶 속에서 발견되는 종교적 차원으로서, 각 국민은 이를 통해 자신의 역사적 경험을 초월적 실재의 관점에서 해석한다."[8]

오늘날 대부분의 나라에서는 국가의 공식 종교를 두지 않는다. 터키나 이집트, 인도네시아 같은 나라는 이슬람 국가로 분류되지만, 이슬람교를 국교로 채택하고 있지 않다. 말레이시아도 헌법에 이슬람교에 관한 특별한 규정을 두고 있지만 국교로 명기하지는 않는다. 다만 국왕은 이슬람교도 주지사들 중에서 선출된다는 규정이 있다. 대표적인 이슬람 국가인 사우디아라비아는 1992년에 새 헌법을 제정해 이슬람 전통법과 서구적 헌정의 조화를 도모하고 있다.

힌두교 신자가 80퍼센트 이상인 인도도 헌법에서 정치와 종교를 분리시켰다. 태국은 불교를 국교로 명명하지 않은 채 다만 국왕이 불교 신자라야 한다고 헌법(1977)에 규정하고 있지만, 국왕도 불교 종단도 정치에 직접 관여하지는 않는다. 이렇듯이 비록 특정 종교가 그 나라 국교의 지위를 누릴지라도 실제로 종교의 원리가 국민의 일상에 그대로 적용되는 일은 드물다.*

이러한 시대적 상황을 감안하면 지극히 일부 국가를 제외하고는 종교의 교리가 최고법의 지위를 누리는 곳은 드물고, 절대다수의 국가

---

* 다만 결혼, 이혼, 상속과 같은 가족법 분야에서만 종교적 전통이 남아 있을 뿐이다.

에서는 세속 헌법이 최고의 권위를 누린다고 말할 수 있다. 종교의 교리가 교인의 헌법이라면, 헌법은 시민의 종교인 것이다.

(2) 국민주권의 시대

① '우리들 인민'(We the People)

인민주권은 시민혁명의 소산이다. 미국 독립혁명과 프랑스 혁명의 결과로 구체적인 문서 속에 천명된 원리다.* 현재 지구상에 200개가 넘는 나라가 있고, 거의 모든 나라에서 헌법 속에 인민주권이 국민주권이라는 이름으로 천명되어 있다.** 현존하는 최고最古의 헌법인 미국 연방헌법(1789)의 전문은 "우리들 인민국민(We the People)"이 헌법을 제정한다는 사실을 천명했다. 이 문구는 후발 모든 공화국의 헌법 속에 반영되어, 미국 제1의 수출품이 되었다.[9] 미국 헌법은 영국의 정치제도에 대한 혁명의 결과로 탄생했다. 독립혁명은 국왕의 '신민' subject을 '시민' citizen으로 바꾸었다.[10] 제2차 세계대전 후에 탄생한 신

---

* 볼셰비키 혁명에서는 노동자 농민이라는 특정 계급의 주권으로 한정되기도 했다.

** 누가 헌법을 만들고 운영하느냐에 따라 나라의 근본 성격이 다르다. 국민이 나라의 주인이고, 따라서 국민이 직접 또는 대리인을 통해 헌법을 만드는 나라를 '공화국'이라고 한다. 오늘날에는 국왕이 헌법을 만들고 집행하는 전제군주국은 거의 없다. 영국, 일본, 덴마크, 태국, 부탄 등 여러 나라에는 아직도 국왕이 존재한다. 그러나 군주제는 점차 쇠퇴일로를 걷고 있고, 이를 유지하는 나라들에서도 국왕은 전통의 상징일 뿐 직접 정치에 관여하는 일은 거의 없다.

생국가들은 대부분 미국 헌법의 인민(국민)주권의 원리를 수용했다.[11] 1990년, 구소련이 붕괴되면서 과거에 소련에 강제 편입되었던 많은 나라들이 독립함으로써 국가가 새로 탄생했다. 라트비아 등 발틱해 3국, 우크라이나 등 중동부 유럽 국가들, 카자흐스탄·우즈베키스탄 등 중앙아시아 5국, 그리고 폴란드·헝가리 등 구소련의 위성국가였던 동유럽의 나라들에서도 새로운 헌법이 제정되었다. 이 모든 나라의 헌법에 국민주권의 원리가 선언되어 있다.*

우리나라의 경우 왕조 시대인 구한말에 백성이 나라의 주인이라는 새로운 민권사상이 등장했고, 일제 강점기에 만든 상해 임시정부의 헌법(헌장)에 이러한 시대정신이 담겨 있다.** 1945년 식민 지배에서 벗어났고, 3년 후인 1948년 헌법 제정을 통해 '민주공화국'으로 탄생했다. "대한민국은 민주공화국이다"(헌법 제1조 1항). "대한민국의 주권

---

* 옛 동독은 서독 헌법 속에 흡수되면서 독일의 통일이 이루어졌다.

** 우리가 사용하는 '헌법'(憲法)이라는 용어는 19세기 후반 중국과 일본에서 사용한 영어 컨스티튜션(constitution)의 번역어라는 것이 정설이다. 전국 시대에도 헌(憲)이나 법(法)이라는 말이 있었고, 둘 다 모범이라는 뜻이었다고 한다. 우리나라에도 갑오개혁(1894) 후에 유사한 용어가 등장했고, 1919년 임시정부의 '임시 헌장(憲章)'에서 오늘날과 같은 의미의 헌법 효시를 찾을 수 있다. 갑오개혁 후에 등장한 홍범(洪範) 14조도 헌법학계에서는 입헌주의의 시발로 인식〔나폴레옹의 압박하에 제정된, 상대적으로 진보적인 라인(Rhein) 제국의 헌법 문서에 비견할 수 있다〕하며, 독립협회의 헌의(獻議) 6조(1898. 10. 29)나 이에 대한 고종의 응답인 칙어(勅語) 3조목(1898. 10. 30)도 일련의 입헌주의 운동으로 인식하는 학자도 있다. 신우철, 「근대 입헌주의 수용의 비교헌법사」, 『법과 사회』 제33호(법과사회이론학회, 2007), 137~171쪽; 김효전, 「헌법개념의 역사적 전개 (I)」, 『헌법학연구』 제14권 1호(한국헌법학회, 2008), 1~37쪽.

은 국민에게 있고 모든 권력은 국민으로부터 나온다"(헌법 제1조 2항). 국민주권을 천명한 이 조항은 9차에 걸친 헌법 개정 과정에서도 살아남았고, 절대로 개정할 수 없는 헌법 개정의 한계로 인식되고 있다.

그렇다면 국민주권주의의 구체적인 의미는 무엇인가? 두 가지로 축약할 수 있을 것이다. 첫째, 국민이 스스로 헌법을 제정하고 필요에 따라 개정한다. 둘째, 국민 스스로 대표자를 뽑아 다스리고, 다스림을 받는다.

이 말의 구체적인 함의는 국민 스스로 자신의 권리를 보장함에 가장 유익한 국가의 권력구조를 선택한다는 뜻이다. 모든 국가기관이 하는 활동의 궁극적인 목적은 국민에 대한 봉사, 다른 말로 하면 국민의 기본권을 효과적으로 보장함에 있다. 그러므로 특정 국가기관에 어떤 역할을 부여하느냐는 국민의 입장에서 자신들의 권리를 보장받는 데 어떻게 하는 것이 가장 효과적인가를 판단해서 결정할 일이다. 만일 국민이 일정한 권력을 국가기관에 위양하지 않고 국민 스스로 행사해야 한다고 판단하면, 그렇게 할 수 있다. 이를테면 사법제도의 운영권을 판사로 구성된 사법부에 일임하지 않고 사실판단에 관한 권한을 배심에게 부여할 수도 있다. 일단 국가기관에 권력을 위임한 경우에도 국민 스스로 감시할 필요가 있다고 판단하면 그렇게 할 수 있다. 이 모든 것을 나라의 주인인 국민이 결정한다. 국민이 대표자를 뽑아 그 대표자로 하여금 권력을 행사하게 하는 대의정치도 오로지 주권자인 국민의 편의를 위해서다.

주권자인 국민은 궁극적으로는 국정 참여를 통해 자신의 권리를 보호한다. 참여민주주의는 국정 전반에 걸쳐 국민주권의 원리가 구현되어야 한다는 원칙을 강조하는 민주주의의 원리다. 참여민주주의 정신을 구현하기 위해서는 국가기관이 공적인 행위를 위한 의사를 결정하는 과정에서 국민의 의사가 반영될 수 있는 기회를 부여하고, 모든 국가기관의 공적 행위에 관한 기록에 접근할 권리를 보장하며, 사후에도 이의를 제기할 권리를 보장해야 한다.

② 공무원의 지위

"공무원은 국민 전체에 대한 봉사자이며, 국민에 대하여 책임을 진다." 헌법 제7조는 국민주권의 원리에서 파생되는 지극히 자명한 내용을 선언한다. 이러한 관점에서는 대통령을 지칭해 '통치권자'統治權者로, 대통령의 권한과 지위를 '대권'大權으로 표현하는 관행은 국민주권의 시대에는 적합하지 않은 것으로 보인다.* 한때 헌법학계나 실무에서 '통치 행위'라는 개념을 인정했다. '고도의 정치적' 성격을 띤 대통령의 국정 행위로, 그 효력에 대한 사법 심사가 원천적으로 배제되는 행위가 존재한다는 이론이다. 그러나 이러한 통치행위론은 국가지상주의의 유산으로 더 이상 개념적으로 성립할 수 없다. 대통령은 국가 원수와 행정부의 수반으로서 나라의 최고법인 헌법이 인정한 특권 이외의 특별한 권력은 가질 수 없다. 대통령의 임무 중에 가장 중요한

* 봉사자란 옛날 말로 하면 '머슴'이다. 그러므로 법리적으로 볼 때 공무원 중에 최고의 지위에 있는 대통령은 머슴 중의 '상머슴'이라고 할 수 있다.

임무가 헌법을 지키는 일이다. 헌법에 문언이 규정된 대통령의 취임 선서가 이 자명한 사실을 재확인해 준다. "나는 헌법을 준수하고 국가를 보위하며 (……) 대통령으로서의 직책을 성실히 수행할 것을 국민 앞에 엄숙히 선서합니다" (헌법 제69조).

3

헌법의 구성 요소

나라마다 헌법전에 담는 내용과 방법이 다르지만 대체로 전문과 총강 조항, 기본권 조항, 그리고 국가권력의 배분에 관한 조항의 세 부분으로 나눌 수 있다. 이 점은 특히 제2차 세계대전 후에 제정된 헌법의 경우에 두드러진다.

첫째, 전문前文은 헌법이 제정된 역사적 배경과 가장 기본이 되는 국민정신을 담고 있다. 우리나라 헌법의 전문은 개정을 거듭하면서 내용에 변용이 가해졌다. 현행 헌법의 전문은 "3 · 1 운동으로 건립된 대한민국 임시정부의 법통과 불의에 항거한 4 · 19 민주 이념을 계승하고……"로 시작하고, 한때 '혁명'으로 언급되었던 5 · 16 관련 부분은 삭제되었다. 총강의 대표적 조항이 앞서 언급한 국민주권의 원리를 선언하는 헌법 제1조다.

둘째, 기본권에 관한 부분이다. 나라의 주인인 국민이 구체적으로 어떤 권리를 갖는지 내용과 원리를 규정한 것이다. 기본권의 구체적인 내용에 따라 세부적으로 규정한다. 기본권의 종류는 자유권적 기본권과 사회권적 기본권으로 대별할 수 있다. 기본권의 성격에 따라 기본권 체계 내에서 경중의 차이가 있을 수 있다. 기본권은 법률로 제한할 수 있지만, 제한당하는 권리가 무엇인가에 따라 제한하는 사유와 내용에서 차이가 있다. 예를 들어 사상의 자유, 양심의 자유 같은 내심의 자유나 이를 표현하는 수단인 언론·출판·집회 결사의 자유는 민주주의 질서의 핵심이 되는 '본질적 권리'이기에, 이를 제한할 경우에는 다른 기본권을 제한할 경우보다 더욱 강한 사유와 엄한 요건을 갖추어야만 한다.

셋째, 권력구조, 즉 국가 조직에 관련된 부분이다. 이 문제는 어떻게 국가권력을 분산하고, 서로 견제하도록 해야만 국민의 권리를 효과적으로 보장할 수 있을까와 연결되어 있다. 민주국가에서는 보통 국가권력을 입법, 행정, 사법으로 나눈다(흔히 '몽테스키외의 삼권분립론'이라고 부른다). 이들 삼부에 덧붙여서 별도의 헌법기관을 규정하는 경우도 있다. 감사원과 헌법재판소 등이 헌법에 직접 규정된 국가기관이다. 국가기관의 성격상 전통적인 의미에서 삼부의 하나에 속하지 않는 기관도 있다. 또한 헌법에 명시적으로 규정된 국가기관만이 헌법적 기능을 수행하는 것도 아니다. 예를 들어 헌법 제10조가 규정한 기본권을 보장할 국가의 의무는 모든 국가기관에 공통된 책무고, 인권 문제를 전문적으로 취급하는 기관이 행정부의 한 부서나 독립된 기관으로 존재할 수도 있다(4장 참조).

모든 권력은 남용될 위험이 있다. 권력이 한 곳에 집중되어 있으면 독재의 위험이 크다. 독재정치는 국민의 기본적인 권리를 유린하고, 장기적인 관점에서도 나라의 발전에 해독이 된다는 사실이 역사를 통해 입증된 바다. '절대 권력은 절대 부패로 귀결되기 마련이다'라는 것이 역사의 교훈이다. 그래서 권력을 적정하게 나누고 서로 다른 영역을 침범하지 않게 해야만 나라 전체의 균형을 유지할 수 있다. 그래서 '견제와 균형'이 필요한 것이다.

국민이 나라의 주인인 국민주권 국가에서는 헌법을 제정하는 권한도, 개정하는 권한도 국민에게 있다. 그렇기에 원론적으로 말하자면 헌법 개정은 국민의 기본권을 보다 효과적으로 보장하기 위해 필요한 경우에 한정된다.*

우리나라는 1948년 헌법을 제정한 이래 아홉 차례나 헌법을 개정했다. 그때마다 권력구조, 그중에서도 행정부와 입법부의 구성 방법을 바꾸는 데 주력했다.** 그러나 권력구조의 변경을 통해 어떻게, 그리

---

* 우리나라는 국민이 직접 헌법 개정안을 발의할 수 있는 국민발안제도를 채택하지 않고 있다. 국회가 국민의 뜻을 대변해 줄 것을 기대하고, 개정안이 공지되면 국민 사이에 활발하게 의견을 주고받을 수 있으며, 최종적으로 국민투표를 통해 의사를 표시할 수 있을 것이기 때문이다.

** 권력구조는 전문 학술 용어로 '통치구조'라고 부르기도 한다. 그러나 이는 '통치'(Regierung), 즉 '통치 행위'라는, 국민을 섬기는 대상이 아니라 다스리는 대상으로 폄하시키는 국가지상주의의 유산이다.

고 얼마나 국민의 권리가 더욱 잘 보장되었는지 의문이다.*

우리 헌법 중에는 절대로 개정할 수 없는 조항이 있다. 앞서 언급한 헌법 제1조가 대표적인 예다. 어떤 내용의 헌법 개정도 국민주권을 신봉하는 민주공화국의 정체 내에서 행해져야 한다. 마찬가지로 헌법 제10조가 규정하는 '인간의 존엄과 가치' 같은 국민의 본질적인 기본권을 부정하는 헌법 개정도 할 수 없다.

---

* 이러한 근본적인 문제에 대해서는 개헌 당시에는 물론 사후에도 학계에서조차 심도 있는 논의가 이루어지지 않았다.

4

헌법재판

일반 법원과 분리해서 헌법 문제를 전문적으로 다루는 헌법재판소를 설치할 것인가, 이 문제는 나라마다 다르다. 미국이나 일본 같은 나라에서는 일반 법원이 헌법재판을 함께한다. 이런 유형을 '사법심사제도'judicial review라고 부른다. 미국의 경우는 연방대법원을 정점으로 연방법원이 헌법재판소의 역할을 수행하고 있지만, 일본의 경우는 헌법재판은 일상적으로 거의 이루어지지 않고 있다. 헌법재판소는 대체로 제2차 세계대전 후에 활성화되었다. 일반 법원 외에 별도의 헌법재판소를 설치한 역사적인 이유가 있다. 제2차 세계대전 후 독일에 헌법재판소가 설치된 것은 과거 히틀러의 나치 정권 시절에 법원이 권력의 시녀가 되어 국민의 신뢰를 잃었기 때문이기도 하다. 그래서 새 시대에 걸맞은 새로운 기관의 설립을 통해 '새 술은 새 부대에' 담는 의식이 필요했던 것이다. 1990년 구소련이 몰락한 후에 새로 탄생한 신생국가나 소련의 위성국가였던 헝가리 등 동구의 국가에서도 헌법재판소를 설치했다. 새로운 헌법 시대의 출발이라는 역사적 상징으로 탄생한 것이다. 우리나라도 비슷한 역사적 배경이 있다. 1987년의 '시민항쟁' 결과 헌법이 개정되면서 헌법재판소가 설치되었다. 과거 이른바 '개발독재 시대'에 국민의 기본권이 유린되었고, 그 아래서 법원은 헌법의 수호자이자 국민의 보호자로서 큰 신뢰를 얻지 못했다. 그래서 새로운 기관을 만들어 국민의 기본권을 보장할 희망의 보루가 필요하다는 국민적 여망의 산물로 헌법재판소가 탄생했던 것이다.

헌법재판의 본질적인 성격은 정책 재판이다. 헌법재판은 구체적인 소송 당사자의 주장의 당부보다 판결이 미칠 사회적인 영향에 더욱 주목해야 한다. '시민종교'의 경전인 헌법의 해석과 적용을 통해 공동체 전체의 균형과 발전을 도모하는 작업이기 때문이다. 그런 의미에서 헌법재판소는 실무법원이 아니라 정책법원이다. 헌법재판소가 정책법원이 되기 위해서는 다양한 사상과 철학을 가진 재판관이 모여 있어야 한다. 그렇기에 헌법재판소를 가진 대부분의 나라에서는 실무가와 함께 학자들을 재판관으로 임용한다. 우리나라는 헌법재판소 재판관의 자격을 법실무(판사, 검사, 변호사)에 한정한 이례적인 제도를 유지하고 있다.

헌법재판의 기본 성격이 정책 재판이라면, 재판관의 구성을 다양하게 해야 하는 일이 매우 중요하다. 헌법재판은 시대정신을 반영한다. 일반 법률에 비해 헌법은 수명이 길다. 그런데 시대의 흐름에 따라 사람들의 언어나 삶의 내용 및 질이 달라진다. 시대의 변화를 수용하지 못하는 뒤처진 법은 고쳐야만 한다. 그러나 헌법의 조문을 고치기에 앞서 헌법 조항의 문구는 그대로 둔 채 해석을 통해 시대정신을 반영해야만 '살아 있는 헌법'living constitution이 된다. 어떤 의미에서는 헌법을 고전 명작에 비유할 수 있다. 고전은 오랜 세월에 걸쳐 사람들의 입김과 손때가 묻어 시간의 시험을 통과하면서 독자에게 지속적인 교훈을 전해 준다. 제정 당시의 '원래 의미'original intention가 무엇이든 관계없이 일단 제정된 헌법은 그 자체가 하나의 독립된 유기체로 새로운 시대정신에서 산소와 영양소를 공급받아 살아가는 것이다. 헌법이라는 전범典範에 시대정신을 담고, 뽑아내는 작업이 헌법재판이라면, 고전 명작의 해석 작업도 마찬가지일 것이다.

존 롤스John Rawls(1921~2002)의 표현을 빌리면 "인권이란 가상적 (사회)계약의 당사자가 국가를 만들 당시에, 다수의 횡포를 방지하기 위해 합의한 본래의 계약 내용의 일부다."[12] 헌법재판의 중요한 기능은 새로운 시대정신에 맞추어 국민의 기본권의 형태로 구현된 인권을 확대, 정착시켜 나가는 일이다. 법철학자 드워킨이 재판을 일러 "연작소설"chain novel[13]이라 규정한 것도 이러한 맥락에서 적확한 표현이다.

탄생 후 환력還曆을 넘긴 대한민국 헌법은 몇 차례의 성형수술을 겪었지만 몸체와 오장육부는 온전하게 보전되어 강건함을 잃지 않은 채 이제 새로운 전기를 맞고 있다. "성문헌법은 일정한 시점의 특정한 사안에 한정되지 말고, 장래에도 계속 적용될 원칙을 선언해야 한다"라는 카도조Benjamin Cardozo(1870~1938)의 고전 경구를 음미할 필요가 있

다.[14]

우리나라의 제헌절 노래 마지막 구절이 헌법의 이념과 속성, 그리고 해석의 원칙을 축약한다. "옛길에 새 걸음으로 발맞추리라!" 옛길이란 민주공화국의 헌법에 담긴 민주적 전통과 가치관을 말한다. 그 길은 비단 우리나라의 역사에 한정되지 않고, 인류 전체가 장구한 세월에 걸쳐 이룩한 민주 헌법의 원리를 총칭한다.[15]

또한 역사는 끊임없이 발전하는 것이다. 옛길이라도 언제나 새 걸음으로 걷지 않으면 시대에 뒤처진다. 그러나 민주주의라는 '옛길' 위에 건설된 헌법은 자주 바꾸는 것이 아니다. 헌법이 자주 바뀌는 나라는 그만큼 사회 변동이 심하고 정치적으로 안정되지 않은 나라다. 우리나라는 1948년 헌법이 제정된 이래 아홉 차례나 개정되었다. 정치적인 상황이 몹시도 불안정했다는 증거다. 오랜 시일에 걸친 민주화 투쟁의 승리로 1987년에 탄생한 현재의 헌법은 우리나라 헌정 역사상 가장 오랜 기간 동안 개정하지 않았다. 그만큼 이제는 우리나라의 정치가 안정되었다는 증거이기도 한다.

5

헌법의 기본 이념

(1) 자유와 평등의 동시 구현?

근대 헌법의 양대 이념은 자유와 평등이라는 데 대체의 합의가 존재한다. 전형적인 자유주의 헌법관은 자유와 평등을 양대 가치이자 목표로 설정하고 있다. 뿐만 아니라 자유와 평등의 개념이 탄생 유래에서부터 동일한 원천에 기초한 것으로 인식하고 있다.[16] 그러나 엄밀하게 말하자면 내재적 법칙성에 있어 자유와 평등은 상호 배제적인 관계에 선다. 그러나 이러한 사실상의 대립과 구분에도 불구하고 자유주의는 자유와 평등, 양자를 동시에 포용하는 이념임을 표방하며, 양자의 관계가 대등한 것으로 인식한다. 자유주의는 '자유'의 이념 속에 '평등'이 흡수되어 있는 것으로, 다시 말하면 자유를 유개념類概念

(genius)으로, 평등을 종개념種槪念(species)으로 상정한다. 평등 문제가 구체적인 법적 권리의 문제로 제기되기까지는 상당한 시일이 소요되었다. 미국의 경우, 20세기 초반 홈스Oliver Wendell Holmes Jr. 대법관 시절까지만 해도 평등권에 근거한 헌법의 주장은 가장 설득력이 약한 것으로 인식되었다.*

"헌법의 자유liberty(freedom)와 권리right는 개인적인 것이나 평등equality은 사회적인 현상으로 파악하는 것이며, 평등은 본질적인 성격상 구체적인 권리의 내용이 확정된 연후에 비로소 주장할 수 있는 것이며, 일단 권리의 내용이 확정되면 별도로 논의할 필요가 없는 '중복적인' 것일 뿐이다"[17]라는 주장도 헌법체계상의 평등권의 이상한 지위에 착안한 것이다. 다시 말하자면 헌법적인 권리로서 자유의 내용(right, freedom, liberty)은 평등을 논의하기 위한 전제 조건으로 작용하는 셈이다.

헌법전 속에 사회적 권리가 없는 미국의 경우, 1937년을 전후한 '뉴딜 사법 혁명' 시기에 비로소 자유의 문제와 함께 평등의 문제를 본격적으로 논의하게 되었다.[18] 이전까지 법원의 주된 임무는 자유권, 그 중에서도 경제 활동의 자유를 보호하는 데 한정되다시피 했다.

---

* 헌법재판에서 평등권을 주장하는 것은 이를테면 '마지막 안간 힘'(last resort)에 불과하다. Holmes, J, *Buck v. Bell*, 234 U.S. 200, 208 (1927).

(2) 우리나라 헌법의 기본 이념

제헌 당시부터 우리의 헌법은 자유와 평등을 대등한 차원의 이념으로 표방해 왔다. 오히려 북한과의 체제 경쟁으로 인해 평등 이념을 강조함으로써 자유주의 헌법의 규범력을 떨어뜨리기도 했다.* 그러나 대한민국의 탄생과 헌법 제정 과정에서 이러한 양대 이념이 토착화된 것은 아니다. 이러한 이념은 우리 사회 스스로가 행한 정치적 실험의 결과가 아니라 장구한 시일에 걸쳐 서구 사회가 행한 실험의 산물을 인류의 '보편적 가치'로 수용한 것이었다. 전후 신생 공화국에 공통된 현상대로 제정 후 상당한 기간 동안 헌법은 권력구조의 문서에 불과했고, 자유와 평등의 이념을 구체화시킨 기본권 조항은 장식적인 효력 이상을 보유하지 못했다.

그나마 민주의식의 성장과 함께 장식 헌법에 생명력을 부여하려는 노력이 지속적으로 이어져 왔고, 이러한 노력은 제한적으로나마 법원의 판결에 의해 구체화되어 왔다. 그러나 그러한 구체화 작업은 1987년 이전에는 주로 개인적 자유와 정치적 자유의 영역에 한정되었다. 사회적 기본권을 구체적인 헌법상의 권리로 파악하고자 하는 노력은

---

* 1948년에 제정한 제헌헌법은 1919년에 공포된 바이마르헌법을 모델로 삼아 재산권의 사회화, 사회적 기본권의 보장, 중요 산업의 공유화, 공동 관리, 주요 천연자원의 국유화, 근로자의 이익균점권 보장 규정을 두는 등 가히 계획경제 수준의 강한 '통제경제' 체제의 경제 조항을 두었다.

1980년 헌법 제정을 계기로 표출되기 시작했다. 1980년 헌법이 특히 사회적 권리에 관대한 태도를 보인 것은 정치적 자유를 제한하는 데 대한 보상의 의미가 컸다. 그러나 사회 전체의 관점에서 우리 사회가 정치적 자유와 동시에 사회적 권리를 논의할 수 있을 정도로 사회적·경제적 기초를 갖추었다는 증거가 되기도 한다.

현행 헌법체제하에서 모든 논의가 개방되었다. 짧은 시일에 걸쳐 이룬 경제 성장이 그동안 만개하지 못했던 시민적 자유, 정치적 자유 논의와 함께 경제적 자유와 실질적인 평등의 문제를 나라의 중요한 의제로 등장시켰고, 그중 일부는 법원의 판결로 나타났다. 헌정사상 초유의 평화적인 정권 교체가 시민적·정치적 자유의 논의를 매듭짓고 주요 논제를 경제적 자유와 평등의 문제로 바꿀 기회를 제공할 수 있었으나, 예기치 않은 외환 위기와 뒤이은 경제 위기가 보다 성숙된 논의의 진전을 막고 있는 상황이다.[19]

한국 헌법이 지향하는 바가 민주주의民主主義라는 점은 자명하다. 국민주권과 민주공화국을 선언한 헌법 전문과 제1조, 그리고 여러 조문에서 반복되고 있는 '민주적 기본 질서'에 대한 언급이 한국 헌법이 추구하는 바가 민주주의임을 나타내 준다.

그러나 우리 헌법이 추구하는 민주주의의 성격에 관해서는 논의의 여지가 있는 듯하다. 헌법이 요구하는 민주적 기본 질서가 헌법 전문 및 제4조에서 언급하듯이 '자유민주적 기본 질서'라는 점을 강조하나, 헌법재판소의 견해와 학계의 통설은 또한 한국 헌법상 경제 질서가 '사회적 시장경제 질서'임을 명시하고 있기도 하다.* 그러나 좀 더

근원적인 측면에서 보면, 자유와 평등이 함께 추구될 수 있고, 함께 추구되어야 한다는 당위는 존재하지만, 실제로 당면한 자유와 평등의 상호 충돌 관계에 대한 구체적이고 확실한 구명은 존재하지 않는다.

한국 헌법의 정체성을 논함에 있어 자유와 평등의 관계를 구명함은 앞으로의 국가 운영 방향에서 매우 중대하고도 매우 미묘한 문제라고 할 것이다. 물론 한국의 헌법에는 평등권도 사회적 권리도 존재하지만, 이들 권리와 자유와의 관계를 어떻게 조화할 것인가에 관해서는 보다 세밀한 논리구조를 마련하는 일이 필요하다.

---

* 헌법재판소 1996년 4월 25일 선고, 92헌바47. "우리 헌법상의 경제 질서는 사유재산제를 바탕으로 하고 자유 경쟁을 존중하는 자유시장경제 질서를 기본으로 하면서도 이에 수반되는 갖가지 모순을 제거하고 사회 복지·사회 정의를 실현하기 위해 국가의 규제와 조정을 용인하는 사회적 시장경제 질서로서의 성격을 띠고 있다."

6

기본권의 체계

(1) 기본권과 인권

기본권과 인권은 비슷한 말로 흔히 사용된다. 그러나 엄밀하게 말하면 양자는 개념상 구분된다. 기본권이란 한 나라의 헌법이 보장하는 국민의 기본적인 권리를 말한다. 반면 인권이란 국적을 가리지 않는다.

근대 국가는 주인인 국민의 권리를 보호하고 지키기 위해서 탄생했다. '인권'이란 단지 인간이라는 이유만으로도 향유해야 할 기본적인 권리를 말한다. 이러한 인권의 개념은 1776년 미국 독립선언과 1789년 프랑스 혁명에서 채택된 '인간과 시민의 권리선언'(흔히 '프랑스 인권선언'이라고 불린다)에서 등장했다. 미국 독립선언은 양도할 수 없는

inalienable '생명, 자유, 행복을 추구할 권리' right to life, liberty and the pursuit of happiness를 자명한 진리로 선언했다.[20] 프랑스 인권선언은 머리말前文에서 "인간의 자연적이고 양도 불가능하고 신성불가침한 제 권리를 엄숙히 선언"하면서, "인간은 자유롭고 평등하게 태어나서 생존한다"(제1조)라고 강조한다. 이러한 인권을 보장하기 위해 나라가 "인권 보장과 권력 분립이 되어 있지 아니한 나라는 헌법을 가졌다고 할 수 없다"(제16조)고 천명하고 있다.

그러나 이러한 선언 정신이 현실의 제도 속에 자리 잡지까지는 장구한 세월이 소요되었다. 20세기 중반인 제2차 세계대전 중 나치 독일이 600만 명의 유대인 민간인을 학살하는 인류사상 유례없는 비인도적인 만행을 저지르자, 전쟁이 끝난 뒤에 새로 탄생한 국제연합United Nations은 1948년 12월 10일 '세계인권선언' Universal Declaration of Human Rights을 채택해 모든 국가를 초월해서 전 인류의 이름으로 이러한 인간의 권리를 천명했다. 모든 인간에게는 태어나면서부터 당연히 부여되는 권리가 있으며, 이러한 권리는 국가권력에 우선하는 것이다. 이와 같이 인권을 모든 인간의 권리로 이해할 때, 그것은 국적이나 인종에 상관없이 모든 인간에게 적용되는 보편성을 갖는다. 그렇기 때문에 인권은 구체적인 현실 상황에 대한 고려보다는 인권 사상 내지 인권 이념을 실현하는 데 더 큰 비중을 둔다고 할 수 있으며, 추상적·이념적 성격이 강하다. 이들 '인간으로서의 권리'는 비록 한 나라의 헌법 속에 담겨 있지 않은 경우에도 당연히 보장되어야 하는 권리라는 점에 착안한 것이다. 세계인권선언과 각종 국제인권조약은 국적을 가리지 않고 인간으로서의 권리를 보장한다.

현행 헌법 속에서 인권과 기본권을 매개하는 조항은 '인간의 존엄과 가치', 그리고 '행복추구권'을 명시한 제10조다.* "모든 국민은 인간으로서의 존엄과 가치를 가지며, 행복을 추구할 권리를 가진다. 국가는 개인이 가지는 불가침의 기본적 인권을 확인하고 이를 보장할 의무를 진다." 이 문구의 연원이 어디든 그 정신은 추상적이고도 포괄적인 인권을 규정한 미국 독립선언 및 미국 헌법과 연관된다고 평가하는 것이 상식이다.** 그리고 미국 연방헌법의 권리장전Bill of Rights은 행복추구권은 명시하지 않았으나 대신 재산권을 규정함으로써 자본주의의 자유권이 지닌 상징성을 부여했다.***

한 국가의 헌법 질서 속에서 현실적으로 보장되는 기본권은 추상

---

* '인간의 존엄과 가치'는 5·16 쿠데타 이후의 제5차 개정헌법, '행복추구권'은 12·12 군사반란 이후의 제8차 개정헌법에서 채택되었다. 이와 같은 추상적인 권리 규정이 다분히 군사쿠데타로 탄생한 정권의 정당성 흠결로 인해 추가된 장식적인 조항이라는 주장이나 헌법상 기본권 조항과 조화되지 못한다는 논의는 본고의 범위를 넘는 것으로 여기서는 논의하지 않는다.

** 현행 헌법 제10조와 같은 '인간의 존엄과 가치'의 명문화가 독일 기본법의 예에 따른 것이라고 보는 견해도 있다〔장영수, 『기본권론』(홍문사, 2003), 212쪽〕. 또한 인간의 존엄을 명문화하는 작업은 제2차 세계대전 이후 전쟁 기간 중에 자행된 비인간적인 만행에 대한 반성에서 나온 각종 국제법 규범에서 나타났다는 견해도 있다〔정종섭, 『헌법학원론』(박영사, 2006), 317쪽〕.

*** 연방헌법 수정 제5조와 제14조의 '적법절차 조항'(due process of law)은 '생명, 자유, 재산'(life, liberty and property)을 법의 적정한 절차 없이 박탈당하지 않을 권리를 보장한다.

적·이념적 인권과는 다를 수 있다. 즉 각 나라마다 헌법에 규정된 국민의 권리는 보편적인 인권과 다를 수 있고, 기본권의 내용이 보편적인 인권에 가까운 나라를 이른바 인권 선진국으로 평가한다.

(2) 인간의 존엄과 가치

"모든 국민은 인간으로서의 존엄과 가치를 가지며, 행복을 추구할 권리를 가진다." 헌법 제10조는 우리 헌법에 담긴 모든 기본권의 모체가 되는 조항이다. 이 조항은 우리나라 국민뿐만 아니라 외국인, 무국적자를 포함해 일체의 사람을 인간답게 다루어야 할 국가의 의무를 부과한다. 이 인간 존엄과 행복추구권은 1776년 미국 독립선언과 1789년 프랑스 인권선언에서 뿌리를 구할 수 있다. 우리나라는 1962년에 처음으로 인간의 존엄과 가치를, 1980년에 처음으로 행복추구권을 헌법전 속에 담았다. 국제연합헌장(1945), 세계인권선언(1948), 유럽인권협약(1950) 등 국제인권법의 기초가 되는 여러 문서는 이러한 인간 존엄을 실현하기 위한 행복추구권을 인정했다. 우리나라의 헌법재판소는 행복추구권 조항에서 다른 권리들을 만들어 내기도 하고, 직접 이 권리의 구체적인 내용을 결정하기도 했다.*

---

* 이를테면 아직 재판이 확정되지 않은 미결수에게 죄수복을 입히는 것은 행복추구권을 침해하는 행위로 금지된다고 판결했다.

(3) 현대 사회의 시민권(마셜의 이론)

기본권을 다른 말로 하면, 시민(국민)의 지위에서 국가에 대해 갖는 권리를 의미한다. 현대 사회에서의 시민권 개념의 발전 과정에 관한 이론을 정립한 영국의 사회학자 마셜Thomas H. Marshall의 고전적인 연구에 의하면, 자본주의 공동체 구성원으로의 '시민권' 개념의 성장, 발전을 기준으로 본 영국의 근현대사는 ① 시민적 권리civil rights의 시대(18세기), ② 정치권political rights의 시대(19세기), ③ 사회적 권리social rights의 시대(20세기)로 삼분할 수 있다.*[21] 자유주의의 산물인 영국에서의 시민권 개념은 적어도 17세기 후반부터 생성되었고, 이는 자본주의의 발전과 밀접하게 연관되어 있다.**

이러한 시민권의 누적적 발전 이론의 요체는 민주주의 전개와 자본주의 시장경제에서 발생하는 계급, 노동의 문제를 연관시킴으로써 민주주의가 시민권의 개념을 확대하는 과정을 통해 발전하고 동시에 사회 통합을 이루었다는 것이다. 노동 운동의 사회 내 통합과 사회 정의의 구현이라는 관점에서 보편성을 갖는 패러다임일 수 있다.[22]

'시민적 권리'는 언론의 자유, 공정한 재판을 받을 권리, 사법 서비

---

* 물론 이상 세 범주의 권리의 발전 단계는 엄격한 분리, 이행의 과정이 아니라 중첩적, 이행의 과정을 통해 발전된 것이다.

** 자본주의는 본질적으로 (경제적) 평등의 제도가 아니라 불평등의 제도라는 것이 논의의 기초가 되어 있다.

스에 대한 균등한 접근권 등 개인적인 차원의 권리다. 영국에서 이들 권리는 주로 정규 법원의 판결을 통해 보호되어 왔다. 시민적 권리는 판결을 통해 법적인 권리로 확립되었으나 사실상의 행사는 계급적 편견과 경제적인 기회의 결핍으로 인해 유명무실해졌고, 사회적 불평등을 해소하는 데 별다른 기여를 하지 못했다. 어쨌든 영국에서 시민적 권리는 1832년 제1차 선거개혁법Reform Act 이전에 이미 어느 정도 수준에 올랐었다는 데 합의가 존재한다.

'정치적 권리'는 노동자 계급의 투쟁의 산물로 인식된다. 의회의 입법 과정에 균등하게 참가할 수 있는 권리를 확보하기 위한 적극적인 노력의 결실이다. 비밀선거, 새로운 이념의 정당 탄생〔1900년 노동당Labor Party 창당〕, 선거권의 확대 등 노동자 계급의 정치적 투쟁은 1918년 보통선거법의 제정으로 어느 정도 완결되었다. 정치적 권리를 행사하기 위해서는 경험과 조직, 그리고 정부의 적정한 기능에 따른 철학의 변화에 대한 적응력이 필요하다.

'사회적 권리'는 19세기 중반 이후 공립 초등학교 설립과 함께 전면에 부각되었으나 본격적인 논의는 20세기 복지국가 이념의 도입과 더불어 비로소 가능해졌다.[23]

영국에서는 법원, 의회, 복지제도의 3요소가 시민적 권리, 정치적 권리, 사회적 권리를 보장하는 데 각각 가장 유용한 방편이다. 이러한 요지를 가진 마셜의 이론은 부분적인 비판과 반론에도 불구하고 대체로 정설로 수용되고 있다.[24]

(4) 사회적 권리의 성격

국제인권법에서 인권의 내용은 보통 세 개의 범주로 나눈다. 첫 번째는 자유권(시민적 · 정치적 권리 영역)이다. 세계인권선언 제3조에서 제21조에 해당하는 권리로, 신체의 자유와 사상의 자유로 구분되는 이들 권리는 국가권력의 부당한 인권 침해를 방지하고 국민 개개인의 자유를 확대시키기 위한 인류의 투쟁의 산물이다. 이에 따라 국가권력은 영장 없이 국민을 체포 · 구속 · 압수 · 수색 할 수 없고, 어떠한 경우에도 고문을 할 수 없으며, 불공정한 인신 구속 절차나 재판 과정을 강제해서도 아니 된다. 또한 국민은 선거를 통해 정치 과정에 참여할 수도 있으며, 공무담임권에 기해 피선거권과 공직취임권도 누릴 수 있다. 사상과 양심, 종교의 자유는 국가권력이 간섭할 수 없는 불가침의 권리다. 누가 어떤 사상을 신봉하든 이를 이유로 처벌할 수 없으며, 자신의 의사에 반해서 양심과 사상을 드러내도록 강요할 수도 없다. 자신의 사상이나 의사를 표현하더라도 그로 인해 명백하고도 현저하게 국가 안보나 공공의 질서를 파괴하지 않는 한 국가권력은 이를 보호해야 한다. 이런 시민적 · 정치적 권리를 보통 '자유권'이라고 말하며, 통상 '국가로부터의 자유'라고 일컬어진다. 이 때문에 이는 대국가적 방어권 또는 소극적인 권리로 분류된다.

두 번째 권리 영역은 사회권(경제적 · 사회적 · 문화적 권리 영역)이다. 세계인권선언 제22조에서 제27조에 규정된 권리들로 사회보장에 대한 권리, 일할 수 있는 권리와 실업으로부터 보호받을 수 있는 권리, 일정

기간의 유급 휴가를 포함한 휴식과 여유를 즐길 수 있는 권리, 교육을 받을 권리 등을 말한다. 이들 권리는 일정 기준의 분배정의에 따라 물질적인 가치에 대한 요구를 포함하고 있기 때문에 자원 배분에서 국가의 간섭을 필요로 한다. 이들 권리들은 보통 '사회권'이라고 말하며, 보통 '~에 대한 권리'라는 형식으로 기술된다. 따라서 이 영역의 권리는 국가에 대한 소극적 방어권을 본질로 하는 자유권에 비해, 국가에 대한 적극적인 요구권이 그 요체라고 할 수 있다.

세 번째 권리 영역은 연대와 단결의 권리다. 이는 집단권이라고도 말하는데, 현대 사회에서 개인을 중심으로 한 인권이 이제는 집단으로 옮겨 오고 구조적인 문제로 중심축이 변해 가는 것을 보여주는 것이다. 앞의 두 권리는 이미 국제사회에서 세계인권선언을 통해 천명되었고 국제인권규약으로 확립된 반면, 연대와 단결의 권리는 논의의 역사가 그리 길지 않고 제도적으로 확립되지도 않은 생성 단계에 있는 권리다. 전쟁 없는 평화로운 사회생활을 누릴 권리, 환경에 대한 권리, 민족자결권, 문화유산에 대한 권리 등이 이에 속한다. 또한 경제개발에 참여하고 개발 이익 분배에 참여할 권리를 규정한 발전권도 이에 속한다.

이들 권리는 역사적인 발전 순서에 따라 각각 1세대, 2세대, 3세대 인권이라고 부르기도 한다. 그러나 인권은 고정불변의 개념이 아니다. 과거에 인정받지 못한 권리들이 후일 인권의 반열에 오르는 것처럼, 인권의 세부적인 영역과 내용은 쟁취하려는 노력에 따라 확장을 거듭해 왔다.*

자유권과 사회권, 양대 권리의 상관관계를 두고 이론적 · 정책적 논쟁이 이어지고 있다. 20세기에 들어와서 사회권을 제일 먼저 명시적으로 헌법에 보장한 나라는 멕시코다.** 멕시코는 1917년 사회주의 혁명의 결과를 헌법전 속에 담았다. 독일에서도 제1차 세계대전의 패배를 계기로 탄생한 1919년의 바이마르헌법에 이 권리를 명시적으로 규정했다. 제2차 세계대전 후에 탄생한 국가의 헌법에서는 거의 예외 없이 사회적 권리를 규정한다. 역사적으로 보아 대체로 자유권이 먼저 보장된 뒤에 비로소 사회권에 관한 논의가 전개된다. 유럽의 예를 보아도 18~19세기가 자유권 쟁취를 위한 시대였다면, 사회권 논의는 20세기에 비로소 시작된 것이다. 이러한 발전의 시차에 착안해서 사회권은 자유권과는 본질적으로 다르다는 주장이 전통적인 견해다. 이러한 주장을 뒷받침하는 다섯 가지의 논거가 제시되어 왔다.[25]

첫째, 고유한 의미의 인권이란 '시민적 권리와 정치적 권리', 이른바 자유권만을 지칭하는 반면,*** 사회적 권리는 단순히 정책 가이드라인이나 도덕적 염원을 제시하는, 이른바 '프로그램적' 성격의 권

---

* 제2차 세계대전 이전까지 인권의 명칭은 Rights of Man이었으나 여성들의 정치 참여에 대한 권리가 보장됨에 따라 제2차 세계대전 이후에는 오늘날의 Human Rights로 개명된 것이 그 단적인 예라고 할 것이다.

** 1791년 프랑스의 헌법이 무상교육권 등을 규정함으로써 헌법적 권리로서의 사회권의 효시가 되었다.

*** 인권은 단지 생명, 자유 및 재산(행복) 보호에 영향을 주는 것으로, 이러한 권리에 의해 개인은 국가를 상대로 청구권, 즉 소극적인 권리를 지닌다는 자유주의적 전통을 반영한다.

리라고 말한다.* 그러나 이러한 주장에 대해서는 자유권 규약(161개국)과 함께 사회권 규약(158개국)을 비준한 국가들이 세계인권선언에도 명시한 동일한 기준을 적용함으로써 인권의 불가분성indivisibility, 상호의존성inter-dependence, 공분산성共分散性(covariance)의 원칙을 신봉한다는 반론이 있다.**

둘째, 사회적 권리는 적어도 현재 국제법 차원에서 사법 심사가 가능하지 않기 때문에 법적 권리가 아니라고 한다. 반대론은 사법 심사 가능성의 결여는 정치적 선택에 의한 것이지 국제법상의 이유나 그 권리의 본질에 의한 것이 아니라고 한다.

셋째, 사회권의 실현은 적극적인 국가의 행위를 필요로 하므로 자원 배분에 영향을 미친다고 주장한다. 그러나 자유권도 때때로 적극적이며 고비용이 소요된다. 예를 들어 평화적인 시위를 보호하기 위해서는 경찰력을 계속적으로 경계 상태로 배치해야 하며, 공정한 재판을 받을 권리를 보장하기 위해서는 사법제도와 교정제도를 수립, 유지해야 한다. 그러므로 양자의 차이는 본질의 차이가 아니라 '정도'

---

* 사회권 규약에서 사용하고 있는 언어는 이러한 해석에 동의하는 것으로 보인다.

** 이 원칙은 모든 유엔(UN) 기구에서 반복적으로 언급하고 있으며, 두 부류의 권리가 모두 1993년 비엔나 인권회의에서 천명한 바와 같이 인간의 존엄성 유지와 깊이 관련되어 있다는 사실을 통해 상당한 지지를 얻는 것이다. 적정 수준의 생활, 보건, 교육, 사회보장 및 일자리에 대한 동등한 접근성이 없다는, 시민적 권리와 정치적 권리는 무의미해지는 정도는 아닐지라도 크게 훼손될 것이다. 이와 관련해 유엔 사회권규약위원회는 사회권 규약(Social Covenant)의 내용에 맞추어 권리를 유형별로 분류해서 존중(respect) 의무, 보호(protect) 의무 및 이행 의무(fulfill)로 나누어 설명한다.

의 차이에 불과하다. 유럽인권재판소European Court of Human Rights는 이러한 입장을 천명했다(Airey vs. Ireland 사건).

넷째로 사회권은 내용이 가변적인 상대적 권리라고 한다. 반대론의 입장에서는 가변동성을 부인하고 국가의 경제력에 비례하는 차등적인 기준을 부인한다.

마지막으로 자유권의 내용이 명료한 반면 사회권은 모호하다는 주장에 대해, 이에 반대하는 입장에서는 모든 인권 및 기본권은 그 본질에 의해 추상적인 경향을 띠며, 따라서 차후에 법원 판결과 행정적 · 입법적 조치에 의해 근사한 해석과 구체화 작업이 필요하다고 주장한다.

이러한 논쟁은 1950~1960년대의 냉전 시대에 주로 서방 세계의 이론가들에 의해 제기된 것으로, 사회권은 자유주의적 경제와 정책적 선택에 반하는 계획 및 통제 경제를 전제로 한다고 주장한다(현재까지도 중국과 북한은 사회권 규약만을 비준하고, 자유권 규약의 비준을 거부한 상태다). 오늘날 대부분이 국제관습법의 일부가 된 국제연합헌장과 세계인권선언의 기본 철학도 이러한 구분을 지지하지 않는다.[26]

7

헌법에 나타나지 않은 권력

헌법은 시대의 거울이다. 그러나 시대의 모든 현상을 구체적인 문언으로 반영하는 것은 아니다. 헌법에 근거를 둔 권력만이 현실의 권력은 아니다. 만일 몽테스키외가 무덤에서 나와 다시 자신의 명저 『법의 정신』의 개정판을 낸다고 가정해 보자. 국가권력을 입법, 사법, 행정으로 삼분해 각각의 기관에게 소임을 맡기고 서로 감시, 견제하도록 해야만 나라 전체의 힘의 균형이 이루어지고, 이러한 균형에서 사회 발전이 담보된다는 것이 그가 주장한 삼권분립론의 요지다. 그러나 그의 이론은 공적 부문에 한정된 것으로, 제도권력이 나라 전체의 힘의 총합과 다름없었던 시절의 이론이었다. 시민사회가 발전하고 사적 영역이 공적 영역을 압도하는 현상을 보이는 오늘날에는 국가기관 밖에 엄연히 존재하는 권력이 있다. 자본주의와 자유민주주의가 융성함에 따라 국가권력 이외의 다른 종류의 힘을 가진 세력이 등장해 국민 생활에 큰 영향을 미치게 되었다. 대표적인 예가 자본권력과 언론권력이다.

입법·행정·사법을 합친 '제도권력'과 '자본', '언론'을 합쳐 새로운 삼권분립의 주체로 부르며, '신삼권분립론'이라는 말이 탄생하기도 했다. 자본과 언론, 그리고 제도권력 사이에도 견제와 균형의 원리가 적용되어야 한다. 제도권력과 자본권력이 밀착하면 부패와 비리가 발생하고, 언론이 정부와 밀착하면 국민에게 정확한 정보를 제공할 수 없다. 그리고 언론과 자본이 결합하면 언론은 기업의 이익을 대변하는 경향을 띠게 된다.

영리 추구를 목적으로 하는 순수한 사적 권력인 자본권력에 대해서는 경제 활동의 규제를 통해 공익성을 강요한다. 그러나 언론권력은 특수하다. 언론은 국민의 여론을 선도하고, 중요한 판단의 자료를 제공해 준다는 점에서 공적인 성격을 진하게 띤다. 언론의 중요한 역할은 건전한 비판을 통해 제도권력과 자본권력을 감시하고 견제하는 데 있다. 그런 의미에서 언론은 정보권력이라고 말할 수 있다. 흔히 매스 미디어를 '제4의 신분(권력)' the Fourth Estate이라고 부르는 이유도 여기에 있다.

저널리즘이 존재하는 이유는 진실 전달을 통해 주권자로서의 시민에게 적정한 정보를 제공함에 있다. 원론적으로 매스 미디어는 민주 사회에서 시민의 역할을 강화한다. 그러나 사실상 언론은 시민과는 별개의 독자적인 권력을 향유할 수 있고, 언론의 횡포는 "언론을 소유한 자만이 언론의 자유를 보장받는다"[27]는 냉소적인 비판을 적절히도 대변한다. 시장과 권력을 통제하기 위한 수단인 언론의 적정한 역할이 무엇인가는 사회 전체의 과제로 남아 있다.[28] 21세기 초에 들어와서는 인터넷 언론 매체와 개인의 무분별한 언론 행위가 종래의 언론의 자유가 예상하지 못한 새로운 문제를 야기하고 있다.

20세기 후반에 들어와서 비정부기구NGO가 권력기관을 감시하는 데 중요한 역할을 한다. NGO는 국제적인 연관을 맺고 평화·인권·환경·소비자 운동 등에 주력한다. NGO는 일반 시민이 자발적으로 조직한 단체다. 우리나라에서도 지난 10여 년 동안, 나라 전체의 민주화와 권력기관을 감시하는 데 NGO의 역할이 컸다. 유엔의 체제는 출범 당시부터 NGO의 적극적인 기여를 전제로 성립, 운영되고 있다(4장 참조).

8

21세기의 헌법의 과제

어느 나라에서나 헌법이 처음으로 탄생할 때는 그 나라의 정치구조가 핵심적인 관심 사항이었다. 또한 헌법이 규정한 기본권 중에서도 정치적 권리가 중심이었다. 그러나 21세기에 접어들면서 각 나라의 헌법은 과거와는 다른 문제를 중점적으로 다룰 것을 요구받고 있다. 헌법의 궁극적인 이상은 바람직한 생활 공동체를 이룩하는 데 있다. 자유와 평등, 그리고 인권과 정의가 충만한 공동체를 만드는 것이 헌법의 이상이다. 그런데 이러한 자유와 평등, 인권과 정의 같은 고전적인 이상을 현실에 정착시키는 방법은 '공동체의 질적 삶의 제고'라는 말로 요약할 수 있다. 20세기 말기에 들어 사람들의 삶의 모습이 달라지면서 몇 가지 변화의 추세가 드러나고 있다. 21세기 헌법의 눈도 이러한 새로운 추세와 현상에 초점을 맞추어야 한다.

첫째, 과학기술에 대한 헌법적 보호가 중요한 관심사로 떠올랐다. 정치적 이상과 인간의 존엄에 초점을 맞춘 과거의 헌법은 상대적으로 과학과 기술에 대해 관심이 적었다. 그러나 인류의 삶을 질적으로 제고하는 데 과학기술의 기여는 상상을 초월한다. 한 예로 이 지구상에서 노예제가 거의 소멸된 이유는 무엇일까? 모든 인간이 존엄하고 숭고하다는 인식이 확대된 것도 이유일 것이다. 그러나 그보다도 가장 본질적인 이유는 기계가 발명되었기 때문일 것이다. 수십, 수백 명의 노동력을 대신할 수 있는 기계가 발명되면서 인간의 육체적인 노동력에 의존할 필요가 현저하게 줄어든 것이다. 이렇듯 과학기술은 나라 전체의 힘을 키우는 데 결정적으로 기여할 뿐 아니라, 나아가 인류의 삶 전체의 유형을 바꾸게 만든다. 그만큼 과학기술의 창달이 헌법의 핵심적인 과제가 된 것이다.

둘째, 점차 국제적으로 개방 사회를 지향한다. 이제는 국민국가, 단일국가의 틀을 벗어나는 일들이 많이 발생한다. 이를테면 국적과 무관하게 모든 인간이 보편적으로 누려야 할 권리가 중요하게 부각되고 있다. 그리하여 국제인권법이 한 나라의 헌법에서 차지하는 비중이 높아지고 있다.

셋째, 사람들은 대체로 정치적 권리보다 개인적인 차원의 자유를 더욱 중시한다. 이것은 어느 정도 정치적 민주주의가 정착되었다는 증거이기도 하다. 그리하여 결혼, 이혼, 출산, 이 모든 일에서 프라이버시권, 즉 남에게 '간섭받지 않을 권리'를 주장하게 된다.

넷째, 전자 통신 수단의 급속한 발달로 인해 정보가 쉽게 소통된다.

그 결과 국가가 보유한 정보에 대한 접근권이 문제가 되는 동시에, 개인적인 정보가 쉽게 유출되어 많은 피해자가 발생한다.

다섯째, 문화와 환경에 대한 관심의 고조다. 경제적으로 어느 정도 성장한 나라에서는 사람들이 단순한 생존을 넘어 삶의 질을 높이는 데 관심을 기울이게 되었다. 요즘 유행하는 말로 '웰빙'well-being, 건강한 삶이 주된 관심사가 된 것이다. 예술을 위시한 정신 세계를 추구하는 문화적인 삶과 쾌적한 환경을 강조하게 되었다. 그 결과 과거에는 헌법의 한 귀퉁이를 장식하는 데 불과했던 문화와 환경에 관한 권리들이 중요하게 인식되기 시작했다.*

마지막으로, 우리나라는 체제가 다른 남북한 두 나라의 평화 통일을 이루어야 한다는 과제를 안고 있다. 헌법은 공존체제를 모색하는 지혜를 배양하는 데 주력해야 한다.

---

* 우리 헌법은 명문으로 환경권을 규정하고 있다. "모든 국민은 건강하고 쾌적한 환경에서 생활할 권리를 가지며, 국가와 국민은 환경 보전을 위해 노력해야 한다"(헌법 제35조 1항). 헌법에 환경권을 규정하고 있는 나라는 거의 없다. 그만큼 우리 헌법은 환경권의 중요성을 인식하고 있는 것이다.

9

헌법전에 나타나 있지 않은 헌법

'헌법'이라는 문서에 담긴 문구의 내용만이 헌법인 것은 아니다. 비록 헌법전에 명문으로 나타나 있지는 않지만, 헌법적으로 너무나도 옳고 당연한 것은 헌법의 해석을 통해 만들어질 수 있다.

2004년 헌법재판소는 대한민국의 행정수도 이전을 목적으로 국회가 제정한 법률을 헌법에 위반된다고 판결했다. 그러나 우리나라 헌법에는 서울이 대한민국의 수도라는 규정이 없다. 그런데 헌법재판소는 나라의 수도는 헌법이 규정할 사항이며, 우리나라의 수도가 서울이라는 사실은 역사적으로 너무나 잘 알려져 있는 '관습헌법'이고, 관습헌법도 나라의 최고법인 헌법이기 때문에 헌법에 위반되는 법률은 무효라고 주장한 것이다.

헌법재판소는 헌법의 해석을 통해 여러 가지 내용의 권리를 도출할 수 있다. 이를테면 헌법 제10조의 '인간의 존엄과 가치'나 '행복추구권'은 다른 구체적인 권리를 만들어 낼 수 있는 '요술 상자'가 될 수 있다. 자신의 사생활에서 다른 사람의 부당한 간섭을 받지 않을 권리인 프라이버시권도 이러한 권리에서 나온다고 믿고 있다.

마찬가지로 우리나라 헌법에는 '사상의 자유'가 명문으로 규정되어 있지 않다. 그렇지만 양심의 자유제(제19조)와 종교의 자유제(제20조)가 보장되어 있으므로, '사상의 자유'도 양심이나 종교의 일부로 당연히 보장되는 것으로 해석한다.

10

국민의 의무

시민혁명의 소산물로 탄생한 헌법은 권리의 문서였지 의무의 문서는 아니었다. 그러나 국민은 권리만을 누리는 것이 아니라 나라에 대해 지는 의무가 있다. 개개인의 국민에게 부과된 의무는 나라 전체를 운영하는 데 절대적으로 요구되는 공동의 의무 분담이다. 그래서 헌법은 국민의 권리를 보장하면서도 모두가 지켜야 할 의무를 규정한다. 우리나라 헌법이 규정한 국민의 4대 의무는 납세, 국방, 교육, 근로다. 그러나 의무의 본질은 국가에 대한 의무라기보다는 동료 국민에 대한 의무로 이해해야 하며, 국가는 질서 유지와 공공복리의 이름으로 전체 국민에게서 위임받은 감시 의무를 집행할 뿐이다.

권리에는 항상 의무가 따른다. 권리와 의무는 사회생활이라는 동전의 양면에 해당한다. 개개 국민의 권리가 잘 보장되는 반면에 모든 국민이 자신이 마땅히 해야 할 의무를 제대로 이행하는 나라라야 안정과 번영을 누릴 수 있다.

주

1 Martha Nussbaum, *Love's Knowledge: Essays on Philosophy and Literature* (Oxford: Oxford University Press, 1990); Martha Nussbaum, *Poetic Justice: The Literary Imagination and Public Life* (Boston: Beacon Press, 1996); Robin West, "Economic Man and Literary Woman: One Contrast", 39 *Mercer L. Rev.* 867 (1988).

2 Jacques Barzun, *From Dawn to Decadence: 1500 to the Present: 500 Years of Western Cultural Life* (New York: Harper Collins Publishers, Inc., 2000); 자크 바전, 이희재 역, 『새벽에서 황혼까지 1500-2000 (1)』(민음사, 2006), 31~32쪽.

3 안경환, 「과학기술과 인권」, 『과학기술과 법』(박영사, 2007); 안경환, 「21세기 기본권과 인간상」, 『헌법학연구』 5-2(한국헌법학회, 1999), 5~16쪽.

4 안경환·이동민, 「대중문화에 나타난 시민종교의 원리: 스미스 씨 워싱턴에 가다」(Mr. Smith Goes to Washington), 『목촌 김도창 박사 팔순기념 논문집』(박영사, 2001).

5 에밀 뒤르켐, 노치준·민혜숙 역, 『종교생활의 원초적 형태』(민영사, 1992).

6 장 자크 루소, 박은수 역, 『사회계약론 외』(인폴리오, 1998).

7 Alexis de Tocquerville, *Democracy in America* (1861), trans. George Lawrence, ed. J. P. Mayer (Garden City, New York: Doubleday & Company, Inc., 1969).

8 Robert N. Bellah, *The Broken Covenant: American Civil Religion in Time of Trial* (New York: Seabury, 1975).

9 안경환, 「수출상품으로서의 미국 헌법」, 『현대 공법학의 과제』(청담 최송화 교수 화갑기념 논문집, 2002).

10 안경환, 「미국 독립선언서 주석」, 『국제지역연구』 제10권 2호(서울대학교 국제지역원, 2001), 103~126쪽.

11 Lawrence W. Beer, "The Influence of American Constitutionalism in Asia", in

American Constitutionalism Abroad: Selected Essays in Comparative Constitutional History (Westport CT: Greenwood Press, 1990).

12 John Rawls, *A Theory of Justice* (Oxford: Oxford University Press, 1978).

13 최정인, 「드워킨의 연쇄소설 개념에 관한 연구: 법과 문학의 관점에서」(서울대학교 법과대학 석사 논문, 2006).

14 Benjamin N. Cardozo, *The Nature of the Judicial Process* (New Haven, CT: Yale University Press, 1921), 83쪽.

15 안경환, 「선진헌법의 시대: 옛길에 새 걸음으로」, 『법과 사회』 34호(법과사회이론학회, 2008), 9~22쪽.

16 자세히는 안경환, 「헌정 50년과 자유와 평등의 이념」, 『법학』 제39권 4호(서울대학교 법학연구소, 1998).

17 Peter Western, "The Empty Idea of Equality", 95 *Harvard Law Review* 537 (1982).

18 Owen Fiss, "Objectivity and Interpretation", 34 *Stanford L. Rev.* 739 (1982), 742.

19 안경환, 「헌정 50년과 자유와 평등의 이념」, 『법학』 제39권 4호(서울대학교 법학연구소, 1998).

20 자세히는 안경환, 「미국 독립선언서 주석」, 『국제지역연구』 제10권 2호, 103~126쪽.

21 Thomas H. Marshall, *Social Policy In the Twentieth Century* (London: Hutchinson University Library, 1965); Thomas H. Marshall, *Citizenship and Social Class and Other Essays* (Cambridge: Cambridge University Press, 1950); Thomas H. Marshall, *Sociology at the Crossroads* (London: Heineman, 1963), 72~87쪽.

22 최장집, 『민중에서 시민으로: 한국 민주주의를 이해하는 하나의 방법』, 석학人文강좌 04(돌베개, 2009), 204~205쪽.

23 Thomas H. Marshall, *Social Policy In the Twentieth Century* (1965).

24 자세히는 Bryan S. Turner, "Outline of a Theory of Citizenship", in Bryan S. Turner & Peter Hamilton eds., *Citizenship: Critical Concepts* Vol. 1 (London &

N. Y.: Rutledge, 1994), 199~225쪽.

25 Eibe Riedel, "Universality of Human Rights and Cultural Pluralism", in *Die Universalitat der Menschenrechte* (Berlin: Duncker & Humboldt, 2003), 138~162쪽.

26 조효제, 『인권의 문법』(후마니타스, 2007); Eibe Riedel, "The Prospect of Attainment of Economic, Social and Cultural Rights in International Society", 국가인권위원회 주최 '국제인권기준의 국내이행을 위한 초청 강연 및 세미나'(Seminar and Lecture for Domestic Implementation of International Human Rights Standards) 자료집(2008. 3. 11~12).

27 A. J. Liebling, *The Press* 2nd rev. ed. (New York: Pantheon, 1975), 32쪽.

28 Herbert J. Gans, *Democracy and the News* (Oxford: Oxford University Press, 2003); 허버트 갠즈, 남재일 역, 『저널리즘, 민주주의에 약인가 독인가』(강, 2008).

3장

한국 사회의 특성과 법과 인권

I

한국 사회의 특성

(1) 자유권과 사회권의 동시 해결 과제(성장과 분배의 조화)

세계사에 유례없이 최단 시일에 경제 성장과 민주화를 동시에 이루었다는 평판을 등에 지고 있는 한국 사회는 21세기에 정치, 사회, 경제 전 분야에서 대전환기를 맞고 있다. '압축 성장' condensed growth에 수반된 각종 부작용이 함께 풀어야 할 난제로 대두된 것이다. 한때는 지극히 낙관적으로 여겨지던 '경제 선진국'으로의 진입은 문턱에서 머뭇거리는 상황인 반면,[1] '성난 얼굴로 뒤돌아보기'[2]에 대한 논쟁은 한동안 치열한 정치적 논제가 되었다. '경제 살리기'를 선거 공약으로 내세워 집권한 새 정부는 '선진 한국'의 기치를 다시 내걸고 '747'이라는 꿈의 숫자를 제시했다.* 오로지 지속적인 성장만이 국부 창출과 국민 생활의 질적 제고를 향한 지름길이라는 성장지상주의와, 이 시점에는 성장의 속도를 늦추더라도 주위를 챙김으로써 공동체의 결속을 강화해야 한다는 공동체주의 정치철학 사이의 대립이 사회 전반에 걸쳐 팽배해 있다.

그동안 우리 사회는 권위주의의 잔재를 극복하면서 자유권은 상당한 신장을 이루었지만, 사회권에 대한 인식은 아직도 미약한 상황이다. 자유권의 본질이 국가의 간섭으로부터 자유를 확보하는 데 있다면, 사회권의 본질은 국가에 대고 요구할 수 있는 권리다. 나라가 경제적으로 커짐에 비례해서 늘어난 국가의 재원을 어떤 우선순위에 따라 배분할 것인가, 성장과 배분의 조화 문제가 가장 중요한 과제로 남아 있다.

앞서 살펴본(2장) 마셜의 이론대로라면 전형적인 자유주의와 시장경제 체제 아래서는 자유권의 문제가 어느 정도 해결된 연후에 비로소 사회권의 문제가 중심 논제로 등장한다. 즉, 사회권의 권리성과 내실화를 강조하는 실질적인 평등의 논의는 일정한 수준의 경제 성장을 전제 조건으로 한다. 중산층의 대두와 이들 사이에 확대된 문화적 공통성이 대중문화의 번성에 기여한다. 보편적인 교육이 일반화되고,

---

* 대통령 재임 기간 중 연간 평균 경제성장률 7퍼센트, 1인당 국민소득 4만 달러를 달성해 세계 7대 강국에 진입한다는 정치 공약이었다. 그러나 신정부 출범 1년이 지난 시점에서 이 숫자는 이미 현실적인 의미가 전혀 없는 한갓 수사에 불과하다. 누구도 예측하지 못한 전 세계적 경제 불황이 주원인이다.

이러한 대중 교육 수혜자가 선택한 다양한 직업을 통해 발생한 신분상의 다양함이 복지의 기초가 된다는 것이다.[3] 이런 기준에서 볼 때 한국 사회는 지극히 이례적인 고도의 압축 성장을 이루었기에 자유권의 문제와 사회적 권리가 적정한 시차 없이 거의 동시에 제기되었다.

제헌헌법 속에는 참정권뿐만 아니라 마셜의 3대 권리가 모두 포함되어 오늘에 이르기까지 권리의 내실화가 진행되고 있다. 1948년 대한민국은 '선사받은 민주주의'의 이상에 따라 보통선거를 통해 건국되었고, 2007년부터는 19세 이상의 모든 국민에게 선거권이 확장되었다.[4] 또한 1987년 이후 '대통령 직선제'를 쟁취함으로써 참정권은 명실공히 주권자의 권리로 정좌했다. 오늘날 범세계적인 상식이 된 보통선거제도는 역사적으로 길고 긴 피어린 투쟁의 산물이다. 노예, 소수 인종, 여성, 무학자, 노동자, 극빈자 등 일체의 차별을 깨고 모든 사람이 평등하다는 신념을 공유하게 된 것은 실로 커다란 역사의 진보가 아닐 수 없다.

전후 헌법의 전형적인 예에 따라 대한민국 헌법도 각종 사회권을 규정하고 있다. 그러나 이들 권리는 기본적으로 '프로그램적 성격'의 권리로 여겨져 구체적인 입법 조치 없이는 시행할 수 없는 것으로 인식되었다. 지난 10여 년 동안 복지 예산이 상당히 증가했음에도 불구하고 우리의 복지 예산은 매우 낮아 OECD(경제협력개발기구) 국가 중에 최저 수준에 머물고 있다.[5] 사회적 권리의 본질은 '인간다운 생활을 할 권리'에 있다. 우리 헌법은 이 권리를 명시적으로 선언하고 있다. "모든 국민은 인간다운 생활을 할 권리를 가진다"(제34조 1항). 이러한 권리를 구체적으로 보장하기 위해 "국가는 사회보장 · 사회복지의 증진에 노력할 의무를 진다"(제34조 2항). 또한 여성(제34조 3항), 노인과 청소년(제34조 4항), 그리고 생활 능력이 없는 사람(제34조 5항)에 대해서는 특별한 배려를 할 것을 규정한다. 이러한 헌법 규정의 정신에 따라 '국민기초생활법' 등 여러 법률이 제정되어 의료, 복지를 비롯해 여러 형태의 사회보장정책이 실시되고 있다. 1990년대에 들어와서 헌법재판소는 이들 권리 중 일부에 대해 국가의 시행 의무를 부과함으로써 현실 규범으로 만들었다.*6

(2) 가치관의 다양화

급격한 사회 변화는 다양한 가치관의 경쟁적인 대두와 상호 충돌을 야기했다. 법과 인권의 주된 논제가 극단적인 한계 상황에서 발생하는 문제에서 일상적인 문제로 중심을 이동하게 된 것은 사회가 진보한 결과다. 우리 사회는 불과 얼마 전까지만 해도 공권력에 의한 침해를 구제하는 것이 인권의 핵심 논제였는데, 이제는 점차 차별받지 않을 권리, 평등한 대우를 받을 권리가 전면에 부각되고 있다.

헌법 제11조는 "모든 국민은 법 앞에 평등하다. 누구든지 성별, 종

* 사회권 실현을 위한 법적 소송은 대부분 법률가들이 이념적인 원고가 되어 만든 기획 소송의 산물이었다. "법률가는 빈자의 재산"(A lawyer is a very valuable piece of property in a poor community)이라는 서양 속담이 법률가의 역할에 대한 암시를 준다.

교 또는 사회적 신분에 의하여 정치적 · 경제적 · 사회적 · 문화적 생활의 모든 영역에 있어서 차별을 받지 아니 한다"라고 규정하고 있다. 국가인권위원회법(2001)은 헌법이 예시한 평등의 개념과 범위를 더욱 확대, 구체화시켜 19개의 범주를 명시했다.* 과거에는 개인의 운명이거나 감내해야 할 삶의 조건으로 여기던 각종 '차별적' 구분이 급기야 평등권의 문제로 부각되는 것이다. 또한 '성희롱' 같은 과거의 인습에 따른 차별적인 언행이 여성에 대한 차별로 의제되면서[7] 기존의 가치관이나 언행에 대해 전반적인 점검을 요구하게 되었다. 사적 주체로서의 개인적인 자유가 정치적 권리보다 더욱 중시되면서 사생활 영역에서 '간섭받지 않을 권리'인 프라이버시권이 중시되고, 전자 · 통신 수단의 급속한 발달에 따른 정보 유통과 연관해서 국가가 보유한 정보에 대한 접근권과 개인적인 정보 유출로 인한 피해자 보호 문제가 중요한 의제가 되었다. 또한 문화와 환경에 대한 관심이 고조되어 이들 권리에 대한 인식이 강화되었다.

이 모든 변화가 불과 한 세대 이내에 일어난 것이다. 이렇듯 급속한 시대의 변화는 다양한 가치관의 충돌을 야기하고, 권리에 대한 주장

---

* '평등권 침해의 차별 행위'라 함은 합리적인 이유 없이 성별, 종교, 장애, 나이, 사회적 신분, 출신 지역(출생지, 등록 기준지, 성년이 되기 전의 주된 거주 지역 등을 말한다), 출신 국가, 출신 민족, 용모 등 신체 조건, 기혼 · 미혼 · 별거 · 이혼 · 사별 · 재혼 · 사실혼 등 혼인 여부, 임신 또는 출산, 가족 형태 또는 가족 상황, 인종, 피부색, 사상 또는 정치적인 의견, 형의 효력이 실효된 전과, 성적(性的) 지향, 학력, 병력(病歷) 등을 이유로 한 다음 각 목의 어느 하나에 해당하는 행위를 말한다(국가인권위원회법 제2조 4호).

이 전면에 부각되면서 권리에 상응하는 의무 관념이 수반되지 않는 불균형 현상이 농후해졌다. 그리하여 한국 사회의 폭발적인 성장의 원동력이 되었던 '역동성'을 다양성을 수용하는 일상의 안정으로 유도하는 공동체의 노력과 지혜가 절실히 요청된다.

(3) 다문화 사회로의 이행

인권이란 인간이라는 초국가적인 존재론에서 출발한 개념이다. 그러므로 엄밀한 의미에서는 인권 앞에 국적이란 존재하지 않는다. 인권은 국권과 모순되고 충돌할 수밖에 없다. 그러나 세계주의라는 이상과 국가주의라는 현실의 중간 어디쯤에 유엔을 통한 국제주의적 접근 방식이 자리 잡고 있다.[8]

우리나라는 오래전부터 다인종, 다민족 사회였다. 2001년 현재 대한민국 인구 중 자신의 선조가 귀화인임을 족보에서 공개적으로 밝힌 성씨의 후손이 전 인구의 26퍼센트인 1236만 명이었다.[9] 각종 유물과 문헌을 살펴보면 한국 사회는 고래로 외래인의 유입이 지속적이고도 빈번했던 개방적인 사회였음을 알 수 있다.[10] 기자조선, 위만조선 등 고대사나 속요, 유물 등에서 풍부한 증거 자료를 확인할 수 있다.* 이

---

* 근래 들어 한국사 교과서들에서 '기자조선', '위만조선'에 대한 언급이 사라진 것은 강해진 '민족주의' 정서 때문이라는 외국 출신 학자의 지적이 있다. 존 프랭클(John M. Frankl), 『한국문학에 나타난 외국의 의미』(소명출판, 2008), 23쪽.

를테면 신라 향가 중의 〈처용가〉나 고려 속요 〈쌍화점〉雙花店*에 등장하는 아랍인처럼 아랍계 귀화 성씨도 존재한다.[11] 많은 사료들 가운데서도 조선 초기 세종의 교지 중에 특히 주목할 가치가 있는 구절이 있다. 왕은 당시의 많은 이민 유입자에 대한 우려를 표하면서 "무뢰한 백성이 여진에 결혼 이주함으로써 오히려 조선에 양질의 여진 이민이 위축될까봐" 우려를 표명했다.[12]

아직도 많은 국민이 신봉해 마지않는 '반만년 역사에 빛나는 단일민족'의 신화는 외세에 대항해 나라를 지켜내야 하는 절박한 상황에 직면한 작은 나라 국민의 정신적 결속을 위해 필요했던 슬로건이었을지 모른다.** 그러나 이러한 민족적 자부심은 이제 시대착오적인 배타적 국수주의의 정서로 비치고, 국내외 양식과 여론의 비판 대상이 되고 있다. 역사적 사실에 대한 논쟁을 차치하고라도 1990년대 이래 우리나라도 다른 많은 나라와 마찬가지로 다인종·다문화 사회로 급속하게 이행하고 있으며, 이는 돌이킬 수 없는 필연적인 추세가 되었다. 이주 노동이나 결혼 이민은 이미 우리 사회의 보편적인 현상의 일부가 되었고, 머잖아 우리 사회의 핵심 논제로 부상할 것이다.*** 상

---

* "쌍화점에 쌍화 사라 가고신딘 회회(回回)아비 내 손모글 주여이다."

** 우리나라의 '민족' 개념을 중심으로 논의하기 시작한 것은 대체로 19세기 말부터라는 데 학계의 합의가 존재한다.

*** 2007년 말 현재 외국인 체류자가 100만 명을 돌파해 전 인구의 2퍼센트를 점하며, 2005년 이래 신규 결혼의 13퍼센트 이상이 외국 국적 배우자 사이에서 이루어졌다.

품과 자본이 국경을 넘어 이동하듯이 살림터를 찾아 사람도 이동하는 것이 필연적인 현상이다. 우리가 함께 살고 있는 외국인은 대체로 우리 사회의 필요에 의해 유입된 사람들이다. 우리나라의 젊은이가 기피하는 일자리를 채워 주고, 배우자를 구하지 못해 좌절 속에 일상을 죽이고 사는 농촌 청년들의 삶에 활력소를 공급해 주는 고마운 사람들이다. 따지고 보면 이들은 대한민국 국민의 설 자리를 빼앗는 것이 아니라, 빈 곳을 채워 주는 존재들이다.

이주민 문제는 당대에 한정되지 않고 2세대로 넘어가면서 사회를 통합하는 데 중대한 걸림돌이 될 수 있다. 외국인을 공존하는 동료가 아니라 단지 일시 체류하는 '관리'의 대상으로 삼는 나라는 결코 선진국 반열에 들 수 없다.* 국가인권위원회에 제기되는 진정의 약 5~6퍼센트가 외국인이 제기한 사건이다. 한 예로 한국표준원의 결정에 따라 '살색'으로 공식 통용되던 크레파스 색깔이 한 외국인의 문제 제기에 따라 '살구색'으로 바뀐 경우가 있다. 2007년 유엔인종차별철폐위원회는 우리나라의 국가 보고서에 담긴 '혼혈'mixed blood 등의 표현이 인종 차별적인 것이라고 언급하는 등 우리나라가 국제 기준에 어긋나는 법제와 관행을 유지하고 있음을 지적한 바 있다.**

유엔을 중심으로 한 국제 질서는 국가간의 장벽을 완화하고 교류와

---

* 예를 들어 모든 금융 거래에 '주민등록번호'를 필수로 고집하거나, 지하철의 노령자 무료 승차권을 굳이 외국인에게는 거부하는 편협한 '국민' 중심의 나라는 세계 무대에서 그 입지가 취약하기 짝이 없다.

개방을 촉진한다. 유엔의 조력 아래 건국한 대한민국은 분단국이라는 지위 때문에 1990년에야 비로소 북한과 함께 유엔의 정식 회원국이 되었다. 늦게 동참한 만큼 국제 규범과 질서에 덜 익숙하다. 그러나 국제사회에서 한국의 역할은 날로 중요해지고 있으며, 그만큼 기대도 높다. 이제는 상품뿐만 아니라 제도와 문물도 수출할 수 있는 선진국 반열에 섰다. 이렇듯 큰 나라는 세상의 변화를 앞장서서 수용한다. 우리나라는 국제무대에서 얻은 경제적 이익에 비해 이웃에게 베푸는 데 인색하다는 평판을 면치 못하고 있다.*** 한 예로 우리나라가 후발 국가에 제공하는 공적개발원조ODA(Official Development Assistance)는 우리의 경제력과 국제 기준에 비해 현저하게 뒤떨어진다.****

** 유엔 인종차별철폐위원회 최종 견해(Concluding Observations) UN Doc. CERD/C/KOR/14 (17 August 2007). 또한 2008년 5월 유엔 인권이사회(UN Human Rights Council)에서 행한 한국에 대한 UPR(Universal Periodic Review) 보고에서도 한국의 법제와 관행에 강한 인종 차별적인 요소가 있음을 지적받았다.

*** 2008년 7월 반기문 유엔 사무총장은 대한민국 국회에서 한 연설에서 국제사회에서 '부끄러운' 자기 조국의 모습을 느끼는 대로 전했다.

**** 1970년 9월 '제2차 유엔개발 10년'을 채택하면서 유엔은 국제적 목표로서 GNP 대비 0.7퍼센트를 기준 수치로 제시해 왔다. 그러나 우리나라의 공적개발원조(ODA)는 상당한 증액에도 불구하고 2007년 기준으로 GNI 대비 0.07퍼센트에 머물고 있다〔ODA의 양적 기준은 1999년부터 국민총수입(GNI) 개념을 사용하고 있음〕. 자세히는 외교통상부 ODA Korea 홈페이지(www.odakorea.go.kr) '한국의 ODA 지원 현황'(OCED, International Development Statistics Online DB: http://stats.oecd.org) 참조.

(4) 북한의 지위

대한민국에게 북한(조선인민민주주의공화국)은 어떠한 존재인가? 순수한 외국인가, 아니면 엄연한 대한민국의 일부인가? 또는 단순한 반국가 단체에 불과한가? 이 문제는 당위와 현실의 괴리, 과거 극복과 미래의 모색이라는 관점에서 한국 사회는 물론 국제사회가 공동으로 해결해야 할 중대한 세계사의 과제로 남아 있다.

1990년, 남북한은 상호 합의와 양해 아래 동시에 유엔에 가입함으로써 국제사회에서는 서로가 독립국가의 지위를 인정한 것으로 받아들인다. 그러나 대한민국 헌법은 '한반도와 그 부속 도서'를 영토로 규정함으로써 북한 지역을 대한민국 영토의 일부로 선언하고 있다(제3조). 그런가 하면 '남북관계 발전에 관한 법률'(법률 제7763호, 2005년 12월 23일) 등 일련의 법령과 남북 간에 합의한 각종 선언은 북한을 완전한 외국도 아니고 대한민국의 일부도 아닌, 특수한 지위에 서 있는 국가로 파악하고 있다. 또한 한반도의 장래와 관련해 헌법 전문은 "조국의 평화적 통일의 사명에 입각"해 있음을 선언하고, 헌법 제4조는 "대한민국은 통일을 지향하며, 자유민주적 기본 질서에 입각한 평화적 통일정책을 수립하고 이를 추진한다"고 규정하고 있다. 헌법 제4조는 간접적으로 북한을 독립된 주권국가로 전제하고 있다는 해석도 가능하다.

이렇듯 특수한 지위에 선 북한은 우리의 삶에 지속적인 영향을 미친다. 평화적 통일 내지는 공존이 시대적인 과제로 남은 채 국군 포로와 납북자 문제, 북한 핵 문제, 북한 주민이 북한 정부로부터 받는 인권 침해 문제, 새터민(탈북자) 문제, 인도적 지원 문제 등 복잡한 문제들이 치열한 논쟁의 대상으로 남아 있다.

2

60년 헌정사 요약

한국인의 뇌리 속에 각인된 60이란 숫자의 의미는 특별하다. 오랫동안 환력還曆이란 한 사람의 일생을 결산하면서 그동안 축적한 삶의 지혜를 후세에 전승시키는 계기를 상징했다. 사람의 삶의 길이가 늘고 폭이 넓어지면서 환력의 의미가 과거와는 크게 달라졌지만, 이 시점에 들어 걸어온 일생의 궤적을 되돌아보는 계기로 삼는다는 것은 예나 지금이나 차이가 없다. 2008년은 헌법과 더불어 대한민국이 탄생한 지 예순 돌을 맞는 해다. 60년 전 유엔의 감시 아래 '현실적으로 가능한 지역'에 한정해서 총선거를 치렀고, 그 결과로 구성된 국회는 국민의 이름으로 헌법을 제정했다. 뿐만이 아니다. 바로 그해 12월 10일에 개최된 유엔 총회에서는 '세계인권선언'이 채택되었고, 이 문서는 오늘날 지구상에서 가장 보편적인 권위를 가진 '인류의 헌장'의 지위를 누리고 있다.*

시인 황지우는 대한민국의 헌정사를 "변태성욕자에게 아홉 차례나 능욕당한 가련한 여인의 일생"에 비유했다.** 헌법이 아홉 차례나 개정되었고, 개헌의 핵심 내용은 오로지 권력구조, 그중에서도 대통령 선출 방법과 입법부의 구성 방법을 바꾸는 데 주력했다. 그만큼 격동의 정치사를 겪었다는 것을 의미한다. 그러나 헌법의 근본 원리상 기존의 권력구조로는 국민의 기본권을 효과적으로 보장할 수 없거나 현저하게 힘든 경우에 비로소 권력구조의 개편을 논의할 수 있는 것이다. 이런 관점에서 볼 때, 9차에 걸친 권력구조의 변경을 통해 어떻게, 그리고 얼마나 국민의 권리가 더욱 잘 보장되었는지는 의문이다(2장 참조).

사회의 급격한 변화는 정권의 별칭에서도 나타난다. 헌법 개정이 따를 때마다 '제X공화국' 식으로 새 정부 앞에 숫자를 수식어로 표시하는 관행은 (정의롭지 못한) 과거와의 단절과 새로운 시대의 출범을 천명하는 프로파간다적 효용을 지녔다. 이러한 관행은 제5공화국과 제6공화국을 거치면서 신선도가 떨어졌고, 이들 숫자에 담긴 군사 정

---

* 동일한 차원에서 논하는 것이 적합하지 않을지 모르나, 유엔을 위시한 국제사회의 지속적인 폐지 권고를 받고 있는 국가보안법이 제정된 것도 바로 1948년 그해였다.

** "아, 대한민국(大韓民國), 대한민국(大韓民國) 헌법(憲法)은 여성명사(女性名辭)이며 대한민국(大韓民國) 현대사(現代史)는 변태성욕자(變態性慾者)의 병력(病歷)이다. 누가 이 여인을 범하랴, 누가 이 여인을 모르시나요. 누가 이 여인을." 〔「근황」(近況) 중에서, 『겨울-나무로부터 봄-나무에로』〕

권의 여진을 제거하려는 민간인 대통령의 소망을 담아 '문민정부', '국민의 정부', '참여정부' 등등의 새로운 수식어를 사용하는 관행이 세워졌다. 2008년에 출범한 정부는 대통령의 이름을 직접 따서 '이명박 정부'라고 부른다.

1987년 이래로 5년마다 열린 매 선거가 공정하게 이루어졌고, 평화적인 정권 연장 내지는 교체가 뒤따랐다. 1992년, 1997년, 2002년, 2007년 네 차례에 걸친 대통령 선거에서 전직 군인이 아닌 민간인 출신의 대통령이 선출되었고, 1997년과 2007년 선거에서는 전임자와 정치 성향을 달리하는 대통령이 선출됨으로써 정권 교체가 이루어졌다. 이러한 20년의 누적된 성과는 성숙한 민주주의와 헌정 질서가 정착되었다는 사실을 입증한다.[13]

3

1987년 헌법체제의 성과[14]

'1987년 헌법체제'의 등장으로 '헌법제정권력'의 소재와 주체에 대한 인식이 더욱 분명해졌고, 국민주권의 의미에 대한 현실감도 어느 정도 강화되었다. 군사 독재 종식과 대통령 직선제 회복을 계기로 한 정치적 민주화의 가속, 고속 경제 성장에 힘입은 중산층의 출현, 노동자 계급의 세력 성장이 자유 문제와 더불어 현실적 법규범으로서의 평등 문제에 대한 실질적인 논의를 가능하게 했다. 이 시기 이전에 '평등'의 이상과 사회적 권리를 거론하는 것은 갖가지 의혹과 박해를 각오해야 할 정도로 금기시된 이상이나 마찬가지였다. 평등에 관한 논의가 일반 대중에게 확산될 수 있었던 이유 중의 하나로는 이 시기에 들어 비로소 헌법의 일상 규범화가 이루어지기 시작했다는 사실을 거론할 수 있다. 사회적 기본권의 문제는 헌법 교과서와 학계의 자조적인 논쟁 차원에 머물렀다.

(1) 1987년 헌법체제의 정당성

60년 대한민국 헌정사의 가장 큰 전환점이 1987년에 이루어졌다는 데 대해서는 이의가 없다. 흔히 1987년 민중항쟁, 시민항쟁 등의 이름으로 불리는 민주화 운동이 승리함으로써 그 결실로 이루어진 제9차 헌법 개정은 사실상 새로운 헌법 제정으로 평가할 정도로 본질적인 변화를 이루었다.[15] 이 헌법체제의 등장으로 오랜 시일에 걸쳐 군림하던 권위주의 정부가 물러나고, 전면적인 민주주의를 일상적으로 실현할 기초가 마련되었다. 새 헌법이 회복한 대통령 직선제는 그동안 강탈당했던 '내 손으로 대통령을' 뽑을 주권을 되찾았다는 승리의 징표였다. 그리하여 이 대통령 직선권은 민주적 정당성의 상징으로, 어떤 경우에도 손상될 수 없는 신성한 권리로까지 인식되기 시작했다. 그러므로 이제 개헌 논의는 헌법 그 자체의 정당성에 관한 것이 아니라 헌법의 기능성에 관련된 것이다.*

법의 지배와 관련해 1987년 헌정체제의 근본적인 의미는 학살, 투옥, 정보기관의 공작 등 권위주의 독재 시대의 공적 부정의와 단절한다는 국민의 의지가 헌법이라는 최고의 문서를 통해 구현된 것으로

---

* 물론 이 헌법의 태생적 한계점을 강조하는 반론도 있다. 즉, 구세력과의 타협의 산물로 임시적·과도적 체제의 상징에 불과하다는 평가도 있다.

평가할 수 있다. 1987년 헌법은 직접적으로는 전반적인 국가 운영의 투명성 제고와 절차적 정의 실현에 공헌했을 뿐만 아니라, 평화적 정권 교체와 더불어 실체적 정의의 실현 과정으로서 과거사의 법적 정리, 그리고 복지국가로의 적극적인 전환, 헌법의 일상 규범화 등 새로운 시대적 과제를 수행하고 있다. 현행 헌법에 대한 개정 논의가 전혀 없는 것은 아니다. 간헐적으로 헌법학적 원론이나 정파적 이해관계에 기인해 내각책임제를 도입하자는 논의가 거론되기도 하나, 큰 반향을 얻지 못하고 있다. 현행 헌법에 대한 개헌 논의의 초점은 대통령의 임기에 맞추어져 있고, 부수적으로 국정의 제2인자인 국무총리의 지위에 관련된 것이다.* 그런가 하면 최근 들어서는 국회의원 선거제도와 지방자치 내지 분권 문제와 관련해 정치권 일각에서 논의가 제기되고 있다.

---

* 현행 헌법상 5년 단임으로 한정된 대통령의 임기는 1인 독재 기간의 한정이라는 당초의 목표를 달성하는 데는 어느 정도 기여했지만, 재선의 인센티브가 없는 것이 오히려 임기 내의 독선적인 국정 운영을 초래할 위험이 크기에 대통령제 원조 국가인 미국의 예에 따라 4년 중임으로 변경해야 한다는 것이 이 주장의 요체다. 또한 국회의원 선거 주기는 4년이므로 대통령과 국회 임기의 불일치로 인해 국정의 난맥상이 초래된다는 것이다. 임기 중에 개헌 논의를 거론한 노무현 대통령의 요청에 의해 2007년 4월 6개 정당은 2008년 총선 후에 새 국회가 구성되면 개헌을 정식 의제로 삼겠다는 '정치적 합의'를 이루었다는 보도와 주장이 있었다. 국무총리의 지위에 관해서는 국민에 의해 직접 선출되지 않은 국무총리가 대통령 유고 시에 직무를 대행하는 것은 '대통령 직선제'의 민주성을 훼손하는 것이기에 대통령의 러닝메이트로 부통령을 함께 선출해야 한다는 주장이다.

(2) 주요 성과 : 과거사 청산, 참여민주주의 정신의 확대, 일상 규범으로서의 헌법

한국의 인권 상황은 지난 20여 년 동안 괄목할 만한 신장을 이루었다는 것이 국제사회의 중론이다. 특히 시민적 · 정치적 권리(자유권) 부문에서는 사형제, 대체적 병역 복무, 국가보안법 등 전통적으로 국제사회의 비판 대상이 되어 온 몇몇 쟁점을 제외하고는 선진국에 버금가는 수준에 이르렀다고 할 수 있다. 경찰 및 검찰의 개혁을 반복해서 요구한 결과 제도의 개선이 이루어졌고, 수사의 매 단계마다 감시적인 인권 보장체제가 보완되었다. 경찰서 유치장, 구치소, 교도소 등 각종 구금 시설도 일상적인 공공 감시체제 아래 들어왔다.

1987년 헌법체제의 출범과 함께 '과거 청산'이 가장 중요한 시대적 과제로 대두되었다. 특히 1980년 '광주사태'에 대한 적절한 해결이 모든 민주화 과제의 선결 문제가 되었다. 광주 사건의 사법적인 해결을 실마리로 각종 신원伸寃 절차에 탄력이 붙은 것이다. 일련의 정치적 미봉책 끝에 1995년 두 건의 특별법이 제정되었다.[16] 이들 특별법의 제정으로 공소시효와 소급 형벌에 대한 법적 논란에 종지부를 찍고, 전두환 · 노태우 두 전직 대통령이 기소되어 재판을 받았다. 이들 전직 대통령에 대한 사법 처리는 외국의 선례에 비추어 볼 때 이례적인 것으로, 한국의 민주화와 법치 정착에 큰 성과로 인식되었다.[17] 이 역사적인 재판은 이어 감추어진 진실의 재발견, 명예 회복, 표창, 금전적인 보상 등 각종 보상적 후속 조치의 밑거름이 되었다. 16개에 달하는 정부 차원의 각종 위원회가 설치되었고,[18] 이들 위원회의 활동과 법원의 후속 조치 등으로 인해 많은 사건들이 새로운 평가를 받았다.*

정치적 주권자 의식의 정착은 국정과 국민 일상 전반에 걸쳐 주권자의 개념 확산을 초래했다. 권리에 대한 자각이 높아지면서 과거의 수동적인 자세에서 벗어나 적극적으로 권리를 주장하게 되었다. '참여민주주의'라는 거대한 기치 아래 '소비자 주권', '수요자 중심의 정책' 등 새로운 시대적 구호가 등장했다.** 이러한 의식의 변화는 조직적인 사회 운동으로 확산되었고, 공사의 모든 영역에 걸쳐 재화와 서비스 공급자들에게 기존의 관행을 재점검할 것을 주문하고 나섰다. 이러한 시대정신은 사법부의 판결에도 반영되었다. 많은 국민들이 점차 법적 절차에 의해 분쟁을 해결하는 행태를 보였다. 소송 사건이 폭증하고, 법적 다툼은 예외적인 것이 아닌 일상의 다반사가 되었다. 오랜 논의 끝에 형사배심제도가 2008년 2월부터 제한적으로나마 도입됨으로써 국민의 사법참여권에 대한 인식에 중대한 변화가 일어났다.

---

* 대표적인 예로 1970년대 초반 중앙정보부에서 조사를 받던 중 자살한 것으로 공식 발표된 최종길 교수의 명예가 회복되었고, 이어 국가를 상대로 한 민사소송에서 유족 측이 승소했다. 또한 1975년 사형 선고와 동시에 사형이 집행된 8인의 인혁당 사건 피고인들의 무고함도 밝혀졌다.

** 그러나 국민이라는 어휘는 시민이라는 개념보다는 대체로 국가의 구성원이라는 측면이 강조되었고, 민주화를 이룬 뒤에도 한국의 시민은 단독으로 나서지 못하고 '민주 시민' 또는 '시민사회' 등 다른 용어와 결합해서만 비로소 전면에 나서는 '수줍고, 망설이는 모습으로' 서 있다는 지적이 있다. 최장집, 『민중에서 시민으로: 한국 민주주의를 이해하는 하나의 방법』, 석학人文강좌 04(돌베개, 2009). 203~204쪽.

또한 한국 사회의 변화는 NGO(비정부기구) 활동의 폭발적인 증가로도 나타났다. 1990년대에 들어와서 시민사회의 급속한 성장은 각종 NGO의 출현을 수반했다. 이들 NGO의 성향과 주된 활동은 다양하지만 대체로 종전의 급진성을 탈피했다는 평가다. 집회 시위 수단에 크게 의존하던 과거의 관행과는 대조적으로 점차 정책 비판과 대안 제시에 주력하기 시작했고, 법적 소송을 주된 권력 감시 수단으로 채택하는 NGO도 등장했다. 이들 NGO 활동은 입법·행정·사법 등 국가권력을 감시하는 데 한정되지 않고, 재벌 등 경제권력에 대해서도 확장되었다. 적어도 기업 활동의 투명성 제고라는 점에서는 국내외에서 한국 기업의 영업 활동에 대한 신임도를 제고하는 데 일정하게 기여했다고 평가할 수 있다.

많은 젊은 법학자와 변호사들이 NGO 활동에 참여하게 된 것도 이러한 시대정신과 사회 개혁 수단으로서의 법의 역할에 대한 인식이 깊어진 징표다. 많은 공익 소송은 '이념적 원고'들을 동원한 기획 소송이다. 이러한 기획 소송에 주력하는 공익 소송 전문 법률사무소도 탄생했고, 대한변호사협회는 회칙을 개정해 회원에게 연 30시간 이상의 (공익성) 봉사를 요구하도록 했다. 종래의 헌법 이론 틀에 따르면 NGO는 정당과 같은 공적 지위를 인정받지 못한다.[19] 또한 개별적인 사안에서 이들 NGO의 활동에 대해서는 지지와 비판이 교차하지만, 유엔이 정립한 국제적 원칙과 관행이 웅변하듯이 시민사회의 존재와 효용, 그 자체에 대해서는 이론이 없어졌다. 한국의 시민사회와 NGO 활동에 대한 종합적인 평가에는 보다 체계적인 연구가 요구되지만,

적어도 여성·환경·장애 문제의 세 영역에서는 커다란 성과를 이루었다고 할 수 있다.* [20]

대통령 직선제와 더불어 1987년 헌법의 제도적 성과 중의 하나가 헌법재판소 설립이라는 데는 이론의 여지가 없다. 개정된 헌법 조항을 바탕으로 1988년 헌법재판소법이 제정되었고, 1989년에는 재판소가 업무를 개시했다. 설립 당시 일반의 기대와는 달리 헌법재판소는 적극적인 헌법 해석을 통해 사법적극주의적인 태도를 보였다. 그동안 많은 법률들이 위헌 판결을 받았고, 헌법소원을 통해 국민이 직접 헌법재판소에 청원할 수 있는 제도도 마련되었다.** 한국 사회의 전반적인 민주화에 헌법재판소가 기여한 업적은 국내외 많은 학자들의 연구 과제가 되었다.[21] 또한 헌법재판소는 구소련이 해체됨으로써 동구와 중앙아시아에서 탄생한 신생국가의 사법제도에도 상당한 영향을 미쳤다. 개설 20년을 넘긴 지금, 헌법재판소는 한국 국민의 일상에 든든히 뿌리내리고 있다. 헌법재판소의 존재와 활동을 일반 국민에게 알리는 데는 노무현 대통령의 기여도 무시할 수 없다.***

---

* 1990년대의 NGO 지도자들은 직접 정책 담당자가 되어 각종 정책을 입안하기도 했다. 그러나 이들에 대한 부정적인 인식으로 NGO는 'Next Government Officers'의 약어라는 풍자나 '좌파 정부의 홍위병'이라는 노골적인 비판이 따르기도 했다.

** 국가의 최고법원으로서의 위상과 역할을 두고 대법원과 경쟁 관계에 있지만, 2007년에 시행된 한 여론조사에서 국민이 가장 신뢰할 수 있는 기관으로 헌법재판소를 들었다.

(3) 사회권의 성격(프로그램적 규정?)

"인권이란 가상적 (사회)계약의 당사자가 국가를 만들 당시에, 다수의 횡포를 방지하기 위해 합의한 본래의 계약 내용의 일부다"라는 존 롤스의 말은 인권 문제에 접근하는 기본적인 시각과 원칙을 천명한 것이다. 우리 헌법 제10조는 "국가는 개인이 가지는 불가침의 기본적 인권을 확인하고 이를 보장할 의무를 진다"라고 규정하고 있다. 굳이 이 조문을 들이대지 않더라도 국민의 삶을 보살피는 것은 국가의 의무를 넘어 국가가 존재하는 이유 그 자체다. 뿐만 아니라 우리가 준수 의무를 지고 있는 각종 국제 조약과 국제 법규도 당연하게 국가가 나서서 챙겨야 한다.

그런데 사회권은 고유한 의미의 인권이 아니고, 단순한 희망 선언일 뿐인가? 60년 헌정사를 되돌아봄에 있어 한국 현대사에 강렬한 족적을 남겼고 사후에도 지속적인 영향을 미치고 있는 두 인물, 김수영과 전태일의 어록을 통해 되짚어 보자.

*** 노무현 대통령은 재직 중 유례없이 빈번하게 헌법재판소의 판단을 구했고, 그 이면에는 강한 정치적 동기가 함의되어 있었다. 2004년에는 국회의 탄핵소추로 헌법재판소의 탄핵심판을 받기도 했다. 또한 행정수도 이전을 위한 입법적인 조치가 헌법재판소의 결정에 의해 저지되었다〔장영수, 「관습법과 헌법적 한계: 2004헌마554」, 『헌법학연구』(2006), 9~30쪽〕. 뿐만 아니라 대통령이라는 국가기관이 아니라 자연인 노무현 '개인 자격'으로 선거관리위원회의 중립 의무 준수 요청에 대해 헌법소원을 제기하기도 했다〔"Roh Sue Lee Myung-bak for Libel", *The Korea Times* (September 6, 2007), 1쪽〕.

"기성 육법전서를 기준으로 하고 혁명을 바라는 자는 바보다."

— 김수영, 「육법전서와 혁명」(1960)

'자유의 시인'으로 추앙받고 있는 김수영[22]은 김일성을 찬양하는 시도 자유롭게 발표할 수 있는, 그런 사회라야만 진정한 민주주의 사회라고 주장했다.

"근로기준법을 지켜라!"

— 전태일(1970)

1970년 11월 12일, 서울 청계천 평화시장 봉제 공장에서 일하던 한 청년이 자신의 몸을 태우면서 남긴 말이었다.[23] 전태일의 분신자살은 한국 사회에 큰 충격을 던져 주었다. 특히 수출 주도형 산업화의 어두운 면과 '한강의 기적'이라는 외형적 찬사 뒤에서 고통받고 있던 수백만 노동자들의 문제에 대해 지식인 사회가 눈을 뜨는 계기가 되었다. 무엇보다도 이 사건은 청년 학생들이 노동 문제의 심각성을 인식하고 정치 투쟁을 확대해서 경제 정의의 문제를 포괄해야 한다는 사실을 인식하기 시작한 최초의 계기가 되었다. 이처럼 전태일의 비극적인 죽음은 노동 투쟁과 민주화를 위한 학생들의 정치 투쟁 간에 핵심적인 연결 고리를 제공했다.[24]

김수영의 시구들이 정치적·시민적 자유를 향유하지 못한 지식인의 전범이었다면, 전태일의 유언은 경제적·사회적 약자의 절규를 담아 투쟁의식을 고취하는 초혼제가 되었으며, 여기에 청년 지식인의 연민이 결합했다.[25] 전자는 자유권 문제를, 후자는 사회권 문제의 핵심을 상징하는 한국사의 잠언에 해당한다고 할 수 있다. 그러나 '노동자' 문제는 생산체제 내에서 생산직 노동자를 중심으로 조직노동만을 한정해서 지칭하는 경향이 짙고, 그 결과 노동자 개인의 자유권 문제로 다루어지는 경향이 농후했다.[26]

현대 헌법의 전형적인 예에 따라 대한민국 헌법도 각종 사회권을 규정하고 있다. 그러나 이들 권리는 기본적으로 '프로그램적 성격'의 권리로 여겨져 구체적인 입법 조치 없이는 시행할 수 없는 것으로 인식되었다. 사회권은 자유권과는 본질적으로 다르다는 주장이 전통적인 견해다. 즉 고유한 의미의 인권이란 '시민적 권리와 정치적 권리', 이른바 자유권만을 지칭하고, 사회적 권리는 단순히 정책 가이드라인이나 도덕적 염원을 제시하는 데 불과하다는 이론이다.* 그러나 이러한 도식적인 이분법은 앞서 살펴본 바와 같이(2장) 인권의 보편성, 국

---

* 이 밖에도 사회적 권리는 국제법 차원에서 사법 심사가 가능하지 않기 때문에 법적 권리가 아니라거나, 사회권의 실현은 적극적인 국가의 행위를 필요로 하므로 자원 배분에 영향을 미치기 때문이라거나, 사회권은 내용이 가변적인 상대적 권리일 뿐이라거나, 자유권의 내용이 명료한 반면 사회권은 모호하기 때문에 자유권과는 본질적으로 다르다고 주장한다. 그러나 이 모든 논거에 대해 경청할 만한 반론이 제기되어 있다. 자세히는 Eibe Riedel, "The Prospects of Attainment of Economic, Social and Cultural Rights in International Society", 국가인권위원회 주최 '국제인권기준의 국내이행을 위한 초청 강연 및 세미나' (Seminar and Lecture for Domestic Implementation of International Human Rights Standards) 자료집(2008. 3. 11~12) 참조.

제성과 관련지어 새로운 차원의 논의를 요구한다.27

한국의 노동관계법은 특이한 과정을 거쳐 발전했다. '근로3권', 즉 단결권·단체교섭권·단체행동권은 헌법이 보장하는 권리였으나 현실적인 규범력이 떨어지는 사회권으로 분류되고, 계급적·집단적 이익을 추구하는 질서 교란 위험을 내포한 위험한 권리로 인식되기도 했다. 또한 이들 3권의 기반이 되는 근로기준법은 개인의 자유권적 속성이 강함에도 불구하고 사회 질서 차원에서 다루어지기도 했다.

"모든 국민은 근로의 권리를 가진다. 국가는 사회적·경제적 방법으로 근로자의 고용의 증진과 적정 임금의 보장에 노력하여야 하며, 법률이 정하는 바에 의하여 최저임금제를 시행하여야 한다"(헌법 제32조 1항). "근로조건의 기준은 인간의 존엄성을 보장하도록 법률로 정한다"(헌법 제32조 3항). 1948년, 민족 해방으로 탄생한 민주공화국의 제헌 헌법은 몹시도 '좌파적'인 내용을 선언한 바 있었다. "영리를 목적으로 하는 사기업에 있어서는 근로자는 법률이 정하는 바에 의하여 이익의 분배에 균점均霑할 권리가 있다"(제헌헌법 제18조). 북한과의 체제 경쟁에 필요한 선언적 조항이었음에 틀림없다. 그러나 대한민국의 현실적인 영토가 한반도의 허리 아래로 묶이고 난 뒤에는 근로자의 이익균점권이라는 문구가 너무나 자연스럽게 사라졌다. '자유민주주의'의 질서가 확고하게 정착되면서 노동과 자본은 균점이 아니라 대립과 투쟁을 통해 공존의 합의점을 찾아야만 했다.

이 땅에 최초로 근로기준법이 제정된 것은 1953년의 일이었다. 1일 8시간이 정상적인 노동 시간이고, 이를 초과하는 노동에 대해 근로자는 초과 근무 수당을 주장할 수 있고 사용자는 당연히 이를 지급할 의무가 있다는 등의 내용을 담은 법은 제정 당시의 현실과는 엄청난 괴리가 있다. 그러나 모든 사회권이 그러하듯이 이러한 법 규정은 춥고 외로운 현실 속에서 장래 언젠가는 이루어질 것이라는 희망을 갖게 하는 등불이기도 했다.

4

당면 과제

(1) 선진화의 의미

세계가 문명사적 대변환기를 맞고 있기에 그 변환의 폭과 내용에 대한 기대가 더욱더 높다. 그러나 이러한 희망찬 기대 이면에 깊이 자리 잡고 있는 불안 또한 금할 수가 없다. 기회와 위험의 시대에 선 우리의 기대와 불안의 본질은 공동체의 삶의 모습에 대한 확신이 없다는 데서 비롯된 것이다. 21세기 한국 사회의 본질적인 성격을 어떻게 규정할 것인가? '선진국'에 대한 강박 관념 앞에 균형적인 사고와 윤리가 흔들리는 취약한 사회라는 평가가 강하다. 지난 수십 년 동안 우리는 '선진국'이 되기 위한 노력에 가히 혈안이 되다시피 했다. 최단 시일 내에 모든 희생을 무릅쓰고라도 선진국 대열에 진입한다는 국가의 공식적인 꿈과 국민의 기대가 엄청난 변화의 추동력이 되어 왔다.[28] 이렇듯 가히 맹목적인 선진국에 대한 꿈을 펴는 과정에서 '왜 그렇게 모든 희생을 무릅쓰고라도 선진국이 되어야만 하는가'라는 근본적인 의문에는 찬찬히 답해 보지 않았다. 그것은 국민적 신화이자 당위였기 때문이다. 이제 새삼 '왜 선진국이 되어야 하는가?'라는 근원적인 의문을 제기할 시점은 지나 버렸다. 남은 문제는 도대체 '선진국이란 무엇을 의미하는가', '선진국이 되는 필수 요건은 무엇인가?'라는 관점에서 목표에 이르는 과정을 구체화시키는 작업일 뿐이다.

선진국이란 무엇인가? 일반적으로 통용되는 의미의 선진국이란 경제적인 선진국이다. 흔히 국민총생산과 1인당 국민소득액으로 결정되는 선진국이다. 지난 수십 년간 우리가 품은 선진국에 대한 꿈은 바로 이런 경제 지표를 기준으로 한 OECD 회원국이 됨으로써 경제적 의미에서 선진국의 반열에 진입하는 것이었다. 일정한 수준 이상의 물질적인 풍요를 이룩한 경제적 선진국은 분명히 다른 분야에서도 선진의 범주에 들 개연성이 높다. 자유민주주의의 본질적인 요소 가운데 하나는 물질적 부를 추구할 자유에 대한 보장이고, 물질적 부에 수반되어 정치적·문화적 수준도 향상되는 것이 보편적인 현상이라고 이야기할 수 있다.

그러나 경제력만으로는 선진국이 되지 못한다. '선진국'이란 한 나라의 삶의 체제에 대한 종합적인 평가다. 한 나라가 과연 선진국인가를 가늠하는 데 경제적인 수준 못지않게 중요한 지표는 국민의 일상생활에 뿌리내린 민주화의 정착도다. 민주화란 국가 제도의 구성과 운영에 국민의 의사가 원활하게 반영되는 실체적·절차적 제도가 구비되어 있는 상태를 의미한다. 그 민주화의 핵심 요소는 국정과 국민생활 전반에 걸쳐 확립된 법의 지배 전통이다. 공적 영역에서는 국정수행이 주권자인 국민의 참여로 구성된 민주적인 기관에 의해 적정한 절차를 통해서 이루어지는 나라라야 선진국이다. 시민 생활에서도 마찬가지의 원리가 적용된다. 시민의 보편적 상식과 윤리의식의 기준을 공동체가 합의한 법을 기준으로 삼는 곳이 선진국이다. 한 걸음 더 나아가 순수한 사적 영역에서도 분쟁과 갈등을 이성적·합리적인 수단에 의해 해결하는 관행과 전통이 확립된 곳이 선진국이다. OECD도 한 나라를 평가하는 데 사용할 경제 지표와 함께 인권 지표를 개발하는 작업에 착수하고 있다.[29]

진정한 의미의 자유민주주의는 자유와 평등, 양대 이념 사이의 주종 관계를 인정하지 아니한다. 자유민주주의는 자유와 민주가 결합한 것이다. '자유'가 개인적 권리에 주안점을 둔다면, '민주'는 공동체 속에서 개인의 권리에 초점을 맞춘다고 할 수 있다. 자유와 평등이 대등한 차원에서 조화를 이룬 사회, 바로 그런 사회가 총체적인 의미의 선진국이다.

경제적인 관점에서 자유민주주의의 보편적 뿌리를 형성하는 자본주의는 본질적으로 평등보다는 자유에 집착한다. 그 뿌리가 바로 개인에게 있기 때문이다. 개인의 능력에 따른 자유 경쟁과 무한한 이윤추구, 그리고 이를 통해 축적한 사적 소유물에 대한 보호 욕구 등은 자연히 이웃에 대한 고려(평등)보다는 개체의 힘(자유)에 대한 열망으로 이어지기 쉽다. 그렇기 때문에 사회적 권리가 필요하다. 사회적 권리는 사회 구성원 간의 실질적인 평등을 실현하기 위한 수단이다. 사회적 권리는 국가의 자원과 부를 재분배하려는 국가의 행위를 통해서만 구체화될 수 있는 권리다. 따라서 사회적 권리는 공동체의 일원으로서 개인이 공동체에 대해 갖는 권리의 성격을 띤다.

한 사회의 정치적·문화적 성숙도라는 기준에 초점을 맞춘 브루스 커밍스Bruce Cummings의 '태양론'에 따르면, 20세기를 최하치 근처에서 출발한 우리나라는 최상치 근처에서 결산했다고 한다.[30] 이러한 관찰은 경제 수치로는 어느 정도 입증할 수 있을 것이다. 그러나 우리 사회 전반의 성숙도를 가늠하는 가장 중요한 지표가 되어야 할 법치주의의 정착도라는 관점에서 볼 때는 강한 의문이 제기된다.

(2) 사법 기능의 강화

사법의 경우에 국민주권과 참여민주주의의 원리를 구현하기 위해서는 몇 가지 개혁이 필요하다. 첫째 국가의 제도권력 중에 가장 취약한 사법의 권한을 강화해야 하며, 둘째 '서비스로서의 법'을 정착시키기 위한 제도적 개혁을 이루어야 하고, 셋째로 법학이 종합적인 지적 체계를 세우는 학문이 될 수 있도록 물적·정신적 기반을 세워야 한다. 넷째로, 국민이 적극적으로 사법제도 운영에 참여할 수 있는 배심제(내지 참심제)를 정착시켜야 할 것이다.

과거 우리나라에서는 입법, 행정에 비해 사법이 국정과 국민 생활에서 차지하는 지위와 역할이 현저하게 뒤졌기 때문에 법을 통한 사회 개혁과 새로운 질서 창조에 회의적인 시각이 지배적이었다. 그러나 바로 이러한 이유 때문에 사법의 기능을 확대할 필요성이 절실하다.

몽테스키외의 삼권분립론 중에 21세기에도 계속 유효한 설득력을 보유하는 부분은 견제와 균형의 원리다. 국가의 권력을 입법, 행정, 사법으로 쪼개어 제각기 독립된 국가기관에 맡기되 서로 견제하도록 해야만 국정의 안정과 균형이 이루어진다는 이른바 '삼권분립론'은 20세기 민주주의의 전범典範이었다. 20세기는 한마디로 몽테스키외의 사상이 만개한 시대였다.

권력은 속성적으로 남용될 위험을 내포하고 있다. 그러므로 국가권력을 행사하는 기관들 사이를 서로 견제해서 전체적인 균형을 이루어야만 나라 전체의 질서가 유지될 수 있다. 삼권 중에서 사법권은 남용되는 경우에도 국민에게 미치는 피해가 가장 적다. 왜냐하면 입법, 행정의 경우와는 달리 사법은 본질적으로 수동적인 성격의 국가권력이기 때문이다. 입법권과 행정권은 사전에, 장래를 향해 적극적으로 발동되는 반면, 사법권은 이미 일어난 일의 시시비비를 가리기 위해 사후에 발동되는 것이다. 흔히 법원을 일러 '최후의 보루'라고 부르는 이유도 여기에 있다. 미국의 '헌법의 아버지들'Founding Fathers 가운데 한 사람인 알렉산더 해밀턴Alexander Hamilton(1755?~1804)은 법원의 속성을 일러 "가장 덜 위험한 부처"The Least Dangerous Branch라는 말로 요약했다.[31] 사법부가 가장 덜 위험한 부처인 또 다른 이유는 엄밀한 의미에서 사법권이 남용되는 경우에 피해자는 소송 당사자에 한정되기 때문이다. 형사 사건의 경우에는 해당 사건의 피고인, 민사 사건의 경우에는 소송의 직접 당사자만이 피해자가 된다. 물론 소송 당사자와 동일한 상황에 처한 불특정 다수의 사람도 간접적으로 잘못된 판결의 영향을 받겠지만, 이 경우에도 입법·행정의 경우처럼 광범한 불특정 다수가 직접 피해를 받지는 아니한다. 국민의 입장에서 보면 사법부가 나머지 두 기관의 권한 남용을 막아 줌으로써 인권 수호자 역할을 해주는 것이 바람직하다. 법치주의가 확산, 정착되려면 법을 공식적으로 집행하는 기관의 권위가 높아야만 한다.

(3) 법학 교육과 법률가 양성 과정의 개혁

우리나라의 대학은 나라 전체의 민주화에 기여한 역사적 전통을 자랑하고 있다. 그러나 그것은 대학에 몸담았던 일부 교수와 학생들이 일신상의 희생을 무릅쓰고 이루어 낸 것이지, 공적 기관으로서의 대학이 교과 과정이라는 제도적 운영을 통해 이룩한 것은 결코 아니다. 특히 인치人治에 대항해 법치法治의 이념을 실천함에 앞장서야 할 장래의 법률가를 양성해 낼 책임을 맡은 법과대학의 역할은 미미했다. 법과대학의 교과 과정은 현실 문제를 다루기보다는 법서 속에 담긴 이론을 암기하는 데 주력했다. 모든 법과대학의 교과 과정은 사법시험 과목을 중심으로 편성되어 있고, 이는 일제 및 군사 독재 시대와 유사한 성격의 강력한 행정국가 시대부터 내려오는 전통이었다. 국민주권의 시대, 자유와 평등의 조화 시대에 부응하는 인권과 공익 측면을 집중적으로 연구하는 새로운 분야의 법은 교과 과정 속에 자리 잡지 못했다. 인권 문제를 집중적으로 연구하는 대학의 연구소가 전무한 실정은 학문으로서의 법학 자체가 다른 분야에 비해 수준이 떨어졌던 것도 일부 원인이 되었다. 법이 현실 문제를 해결하는 학문이면서도 현장의 모습을 볼 기회는 전혀 주어지지 않았다.*

'법은 서비스'라는 명제와 법학은 '종합적인 지적 체계'라는 명제를 종합할 때, 법학 교육 및 법률가 양성 과정과 관련해서 이르게 되는 귀착점은 어떤 과정을 통해 이러한 시대적 요청에 부합하는 법률가를 양성할 것인가이다. 오랜 논란 끝에 2009년부터 도입된 법학전문대학원은 오랫동안 비판의 표적이 되어 온 우리나라의 법률가 양성 시스템에 획기적인 개선책을 제시할 것으로 기대된다.** 그러나 시험제도 개선과 함께 '대학원 교육으로서의 법학'[32]을 위한 교과목 개편 및 교육 방법 개선이 시급한 과제로 남아 있다.

---

* 근래에 이르기까지 우리나라의 법과대학 가운데 법률 실무와 관련된 경험을 정규 학점 속에 산입하는 제도를 유지하고 있는 대학은 이화여자대학교 단 한 곳뿐이다. 이화여자대학교가 가정법률상담소와 협동으로 운영한 이 프로그램이 우리 사회에서 남녀평등을 앞당기는 데 중대하게 기여한 점은 누구도 다툴 수 없는 빛나는 성과다.

** 법학전문대학원 개설을 전후해 9개 대학이 공익·인권 연구 교육 중심 기관으로 국가인권위원회의 지정을 받았다. 앞으로 이들 대학이 인권 교육의 활성화에 어떤 역할을 해낼지 주목할 필요가 있다.

(4) 배심제의 도입

판결에 반영된 법적 정의는 궁극적으로 지역 사회의 정의감이다. 판결이 지역 사회의 정의감을 반영하려면 이를 담보하는 제도를 갖추어야 할 것이다. 가장 빈번하게 지적되는 우리나라 사법의 두드러진 특성은 엘리트 중심의 관료주의다. '소수 정예'의 법조인에 의해 사법서비스 공급이 독점됨으로써 서비스가 국민 생활 깊숙이 원활하게 스며들기 힘들다. 이러한 결정적인 취약점을 극복하지 못하면 우리의 사법은 시대의 흐름에 뒤지며, 종국에는 정체와 파탄을 면하기 힘들 것이다. 공동체에서 사법의 역할은 그 사회가 발전해 가는 방향에 부응해야 한다. 공동체의 정의감을 판결에 지속적으로 반영하는 장치로 배심제도를 도입하는 것은 환영할 일이다. 흔히 배심제도를 영국과 미국의 고유한 제도로 이해하는 것은 잘못이다. 이 지구상에 '민주주의'가 출현하면서 민주주의를 표방하는 어떤 사회에서나 사법제도 운영에 국민이 참여한 연면한 역사가 있다. 고대 그리스 시대에도 배심재판이 시행되었다. 페리클레스 민주주의 시대에 배심재판이 실시되었고, 근소한 표 차이로 소크라테스를 사형에 처한 것도 아테네의 배심이었다. 로마 시대에도 유사한 제도가 있었으며, 고대 스칸디나비아 지방에서도 오늘날의 배심과 유사한 국민의 사법 참여가 인정되었다.

오늘날 프랑스에서도 특별 법원인 상사법원과 노동법원은 국민에 의해 선출된 사람으로만 재판부를 구성하며, 나머지는 법관과 일반인으로 구성된 혼합 법원으로 운영한다. 특히 형사 중죄법원의 운영에는 법률 전문가 이외의 참여가 보장되어 있다. 에스파냐에서도 프랑코 독재 정권 때 폐지되었던 배심제도가 1993년에 부활되었으며, 러시아에서도 볼셰비키 혁명으로 폐지되었던 형사 배심이 1995년에 부분적으로 부활되었다. 일본에서도 '다이쇼大正 민주주의'의 바람을 타고 도입되었다가 태평양전쟁에 앞서 1941년에 '정지'된 배심제도의 부활이 심각하게 논의되고 있다. 이런 나라들에서 배심제를 폐지했던 가장 중요한 이유는 강력한 중앙 권력을 보유한 독재 정권을 유지하는 데 장애가 되었기 때문이다. 따라서 절대 권력이 사라진 민주화 시대에 민주적인 제도의 부활이 심각하게 논의되는 것은 지극히 자연스러운 일이다.

일본과 같이 관료제에 대한 신뢰가 강한 사회에서도 배심의 부활이 강하게 논의되는 중대한 요인 중의 하나는 검사와 판사 사이의 정서적 유착 관계라고 한다. 판사·검사라는 전문 법률가의 판단이 국민적 정의감에 합치하지 못함으로써 생기는 괴리감이 이 제도의 부활을 논의하게 한 중요한 배경 가운데 하나다.[33] 그것은 법 원리에 비추어 볼 때 자명한 일이다. 재판은 사실 인정과 법률 적용이라는 두 단계로 구성된 국가의 사법 작용이다. 양자를 모두 전문 법관에게 맡기든, 아니면 법관에게는 법의 적용 문제만을 맡기고 사실 인정에 관한 문제는 국민 스스로의 권한과 책임으로 하든, 그것은 주권자인 국민의 선택권 범위 내에 드는 일이다.*

"판사가 나라를 망친다"는 말이 있다. 그런가 하면 "판사가 나라를 살린다"라는 정반대의 말도 있다.[34] 그만큼 재판과 판사의 역할이 중요하다는 뜻이다. 그런데 판사는 신이 아니다. 그리고 재판은 지극히 힘들고 어려운 일이다. 시시비비를 가려내야 하고, 어떤 판단을 내리더라도 당사자의 절반밖에는 만족시킬 수 없다. 우리나라의 판사는 더욱 힘들다. 다른 나라들의 경우와는 달리, 사실을 판단하고 법을 적용하는 일이 모두 판사 혼자만의 몫이기 때문이다. 책임을 나눌 사람이 없는 외로운 직책이다. 게다가 다른 나라에 비해 우리나라 판사의 평균 연령은 매우 젊다. 검사나 변호사를 거치지 않고 곧바로 판사 자리에 앉기 때문이며, 퇴임 연령도 몹시 이르다. 50대 중반을 넘은 판사 숫자가 전체 법관의 몇 퍼센트에 불과하다. 그러니 판사 자리에서 물러난 뒤에도 본격적인 소송 업무를 담당하는 것이 한국 법조계의 전통이기도 하다. 우리나라 판사들의 자질과 실력은 매우 우수한 것으로 평가되지만, 재판에 대한 국민의 신뢰도가 지극히 낮은 이유는 이런 특이한 제도와도 무관하지 않을 것이다.

오랜 논란 끝에 2008년부터 형사배심제도가 제한적으로 도입되었다. 시험 기간을 거쳐 중요한 형사 사건의 재판에 국민이 직접 참여하게 된다. 배심원은 중지를 모아 판사에게 의견을 제시한다. 다수결로 제시한 배심의 의견을 판사가 따를 수도 있고, 따르지 않을 수도 있다. 이것이 미국과 같은 본격적인 배심제도를 실시하는 나라와 다른 점이

* 한때 배심제 도입을 반대하던 법원과 검찰에서는 배심제는 사법권을 법원에 부여한 헌법의 원칙에 위반된다는 주장을 폈다.

다. 이러한 구속력이 없는 '권고적 배심'advisory은 판사의 최종 판단을 보조할 뿐이지만, 판사의 독선에 어느 정도 제동을 걸 수 있다는 점에서 의미가 크다.

배심제 도입을 계기로 우리나라의 형사사법 전반에 걸쳐 획기적인 변화가 일어날 것이다. 수사 관행에도 큰 변화가 생길 것이며, 증거를 채택하는 기준도 달라질 것이다. 재판 결과가 '억울한' 사람의 숫자도 줄어들 것으로 기대한다. 무엇보다도 검사와 변호사가 일반 국민의 상식과 양심에 대고 호소하고 설득하기 위해 노력할 것이다. 그동안 판사, 검사, 변호사, 이른바 '법조 삼륜三輪'들이 끄는 '그들만의 사법 수레'에 시민이라는 새로운 마부가 합석하는 것이다. 제4의 마부는 나머지 마부와는 다른 차원의 임무를 맡게 된다. 그것은 주권자의 역할이다. 사법도 다른 국가권력과 마찬가지로 종국적으로 국민주권의 일부임을 보여주는 것이 바로 배심이다. 새로운 제도의 도입을 앞두고 기대와 불안이 교착하고 있다. 무엇보다도 국민 모두가 배심제에 대해 깊은 관심과 애착을 가져야만 한다. 배심에 참여하는 것은 국민의 권리이자 의무이기도 하다. 무엇보다도 배심제도는 민주주의의 훌륭한 연습장이다. 여러 사람이 모여서 진지한 토론을 통해 하나의 결론을 모아 내는 과정은 우리 사회 전반의 민주화에 절대적으로 기여할 것이다. 〈12인의 성난 사람들〉Twelve Angry Men(1957)이라는 영화가 있다. 모든 배심 영화의 고전으로 자주 소개되는 영화다. 제각기 다른 이유로 성이 난 사람들이 한데 모여, 각자가 가진 예단과 편견을 드러내어 주고받음으로써 위기에 몰린 한 생명을 구해 낸다는 이야기다.[35]

우리가 만들어 낼 한국판 배심 드라마는 국민의 적극적인 참여와 토론을 통해 인권이라는 보편적인 가치를 일상적으로 실현하는 일일 연속극이 되어야 할 것이다.

5

사회적 기관의 역할

나라 전체에 법치 문화가 확산, 정착되려면 정부기관은 물론 사회적으로 중요한 역할을 담당하는 기관을 운영하는 데도 법치의 이상과 풍토가 정착되어야만 한다. 이러한 기관의 예로 정당, 언론, 대학, 그리고 NGO를 들 수 있다. 이에 덧붙여서 여론을 선도할 지식인의 역할이 강조된다.

(1) 정당정치의 정착

현대의 민주 사회에서 정당은 중요한 역할을 담당하는 결사다. 나라가 나아가야 할 기본적인 방향을 제시하고, 이에 기초한 정책 입안을 담당하는 역할이 정당에 기대된다. 그리하여 현대의 헌법은 정당의 활동을 보장하는 특별한 조항을 두는 것이 상례다. 단순히 정당의 활동을 보장함에 그치지 아니하고, 이를 적극적으로 육성하는 국가의 의무를 규정하는 경우도 있다.

헌법 제8조 3항에 따르면, "정당은 법률이 정하는 바에 의하여 국가의 보호를 받으며, 국가는 법률이 정하는 바에 의하여 정당 운영에 필요한 자금을 보조할 수 있다." 이러한 헌법의 태도는 정당의 활동이 사실상 국정의 기본 방향과 세부 정책에 중대한 영향을 미치기 때문이다. 초기의 헌법에는 정당 조항이 없었다. 1세기 이상 양당 정치의 전통이 확립된 미국 헌법에도 정당 조항이 없다. 그 이유는 미국 헌법이 제정될 당시에는 정치적인 목적을 위한 결사는 공익보다는 사적 이익을 추구하는 집단, 즉 파당派黨(faction)으로 이해하고 그 폐해를 경계했기 때문이다.[36] 우리나라의 역대 정당은 예외 없이 파당의 성격이 강했다. 정당의 강령은 사실상 존재하지 않은 것과 다름없고, 선거 때마다 정당의 명칭과 실체가 바뀌었다.

제헌 당시부터 보통선거권은 이미 확보되었기에 서구 사회에서 치열하게 전개되었던 선거권 쟁취를 위한 노동자 계급의 투쟁 과정이 생략되었다. 이는 대중정당 창출의 법적·제도적 기초가 되었던 서구의 역사적 경험이 우리에게는 직접적인 연관성이 적다는 것을 의미한다. 또한 이데올로기성이 강한 냉전반공주의의 정치적·사회적 분위기 아래 노동 개념에 대한 보편성 획득과 노동 운동의 정치세력화가 힘들게 되었다. 따라서 경제 규모나 1인당 국민소득 측면에서 과거의 서구보다 훨씬 높은 성취를 이루었음에도 한국 사회에서는 노동 운동과 사회적 시민권 개념이 형성되지 않고 있다.[37] 이러한 여건은 당연하게 정당정치의 양상에도 영향을 미쳤고, 사회 · 경제적인 문제에 대한 정치적 입장 차이를 정당 중심으로 조절하는 등의 중심축이 형성되지 못하도록 만들었다. 노동자의 대변인임을 공개적으로 천명하는 정당이 의회에 진출한 것도 근래에 이루어진 일이며, 그나마 수권 정당의 꿈은 키우지 못하고 문제를 제기하는 수준에 그치고 있다.

역대 거의 모든 정당의 운영이 특정인의 절대적인 영향 아래 움직이고,* 정당의 정체성은 지역 기반 외에는 가시적인 요소를 확인하기 어렵다. 선거를 전후한 민주적인 상식을 넘어선 정당간의 이합집산은 정치에 대한 냉소적 불신을 부추기고 있다. 정당 운영의 민주화야말로 건전한 법치를 정착하기 위해 이루어야 할 중요한 선결 과제다.

(2) 언론의 역할

저널리즘이 존재하는 이유는 진실 전달을 통해 주권자로서의 시민에게 적정한 정보를 제공함에 있다. 앞서 언급한 바와 같이(2장) 현대사회에서 언론의 역할은 특수하다. 언론과 자본이 결합하면, 언론은 돈의 대변인이 된다. 언론 스스로가 법치의 원리를 준수하지 않고 '법 위에 군림'하는 또 하나의 권력자가 되는 곳은 선진국이 아니다.

---

* 심지어는 '친박연대'와 같이 특정인의 이름과 연관 지어 당명을 정한 정당도 있다.

세계 굴지의 신문과 방송에는 모든 보도 내용이 공표되기 전에 최후 단계에서 법적인 문제를 전담해서 검토하는 사내 법률가가 있다. 취재와 보도에 정립된 세부적인 법리를 준수하기 위해 언론 스스로가 마련한 내부 장치인 것이다. 민주 사회에서 언론권력이 갖는 본질적인 정당성의 근거는 무엇인가에 대한 강한 비판이 제기될 수 있다. 방패를 내세워 사적 이해관계를 추구하는 경향이 농후해지면서 언론의 본질적 기능에 대한 회의도 일고 있다.

선진국을 가늠하는 지표 중의 하나는 그 나라를 대표하는 일류 일간지에 고정적인 법률 섹션Legal Section이 있는가의 여부다. 『뉴욕타임스』New York Times나 영국의 일간지 『더 타임스』The Times의 법률 섹션은 세상의 변화를 이성적인 논리와 침착한 논조로 전달한다. 고정 법률 섹션을 갖는다는 것은 법이 문화나 스포츠와 마찬가지로 일상적인 삶의 일부라는 것을 상징한다.* 법을 일상적인 일로 여기지 않는 사회는 법치 후진국이다. 법치 후진국 언론의 특성은 법을 센세이셔널한 사건 중심으로 취급하는 데 있다. 언론의 선진화는 언론 내의 법치 정착과 더불어 비로소 이루어질 수 있다. 근래에 들어와서 휴대폰과 인터넷 매체 등을 이용해 실시간 단위의 정보를 대량 유통함으로써 생겨나는 순기능과 역기능이 기존의 정보 전달 유형과는 본질적으로 다른 새로운 문제를 야기한다.

---

* 2001년, 국내 일간지 역사상 최초로 『동아일보』가 주 1회 법률 섹션을 개설해 1년 동안 운영한 것이 거의 유일한 선례였다.

(3) NGO의 역할

존 케네스 갤브레이드John K. Galbraith(1908~2006)는 "미국은 주식회사 민주주의다" [유권자는 정기 총회(선거)에서 한 표를 던지는 이름뿐인 주인이다][38] 라고 말한 적이 있다. 사회가 급속한 분화와 다원화의 길을 밟으면서 국민의 생활이 복잡해지고, 사적 영역에서 개인의 활동 범위가 넓어짐에 따라 '개인의 집합체'로서의 권익을 대변해 줄 전문적인 단체의 필요성이 점증되고 있다. 오늘날 각국에서 '비정부기구'NGO의 역할이 주목받는 이유가 여기에 있다.

헌법 규정을 넘어서 헌법의 현실을 보자. 개인의 시간과 정력의 대부분을 쏟아 가며, 시민의 헌법적 권리를 지키기 위해 자원해서 나선 자발적 비정부기구의 주된 임무 가운데 하나는 국민 입장에 서서 정부기관의 행위를 감시하는 일이다. 감시를 통해 오류를 시정하고, 비판을 통해 대안을 제시할 수 있다.[39] 이러한 감시 활동의 원칙과 기준은 정부의 행위가 '법치'의 원리에 합치하느냐일 것이다. 그러므로 감시자인 비정부기구 자신의 행위도 법치의 원리에 적합한 방법과 수단에 의존해서 행해져야 할 것이다. 감시 수단으로서의 법적 소송이 중요한 역할을 하는 것은 사회 전반에 걸친 법치의 확산 추세를 감안하면 너무나 자연스런 현상이다. 유엔 체제는 NGO의 역할을 정면으로 인정하는 수준을 넘어 적극적으로 의존하는 관행을 확립시켰다. 유엔은 또한 모든 정부 보고서에 상응하는 NGO의 반박 보고서Counter Report를 권장하고 있다. 유엔의 메커니즘 속에 있는 시민사회civil society

라는 용어는 NGO를 가리키는 것으로 이해된다.

1990년대 이래 폭발적인 성장을 거듭해 온 한국의 시민사회는 주로 '진보 · 개혁 성향'을 띤 단체의 절대적인 주도 아래 사회 개혁을 위한 각종 논제를 개발했다. 정부와 집권당의 정치적인 성향, 그리고 시대의 흐름이 바뀐 시점에는 새로운 논제와 새로운 방식의 활동이 필요할 것이고, 성향이 다른 NGO의 활동 또한 기대되는 바가 크다.

(4) 지식인 운동: '7월 문학'을 위한 제언

법을 가까이하는 지식인 운동이 절실하게 필요하다. 한국 지식인의 의식 속에 법치 정신이 미약하다는 증거는 여러 곳에서 나타난다. 한 예로 '법률문학의 부재 현상'을 들 수 있다. 문학을 비롯한 모든 예술이 현실 비판을 넘어 미래를 향한 공동체의 가치관을 제시하기 위한 실험이라면, 법은 이러한 실험의 결과를 현실적인 제도로 정착시키는 수단이다. 그렇다면 실험에 임하는 사람은 그 실험의 목적이 어떤 성격과 내용의 공동체를 건설하자는 제안인지 유념하는 것이 진지한 태도일 것이다. 실험 결과 많은 사람의 지지를 확보한 잠정적인 진리를 현실의 제도로 만드는 지적 체계인 법은 이들 실험의 성격을 이해해야만 제도화 작업을 성공적으로 수행할 수 있을 것이다. 근대 지성을 주도한 이른바 '문화 선진국'은 동시에 법의 선진국이기도 하다. 나라를 대표하는 대작이 거의 예외 없이 법의 문제를 깊이 다루고 있음은 '법과 문학'의 관계에 대해 무언가 강한 시사점을 준다.

우리나라의 문학은 법을 법정에 감금시켜 두고 있다. 기껏해야 '범죄 소설' 또는 '법정 소설'이라는 이름의 하급 장르가 있을 뿐, 문학의 성의 정침正寢에서는 추방되어 있다. 이러한 법률문학의 불모 현상 이면에는 구구한 원인이 내재해 있을 것이다. 그중 하나로 우리나라의 문학계에 뿌리박고 있는 '정도'正道의 전통을 들 수 있다. 이민족의 지배와 동족간의 피흘림을 겪으면서 우리의 관념 속에 문학이라면 곧 '민족문학'이고, 법이라면 곧바로 '제도법'을 의미하는 '정답'이 존재해 왔다는 것이다. 식민지의 반도 지식인에게 주어진 선택의 길은 '시인 아니면 판사'라는 말이 있다. 전자는 민족의 정신을 대변하는 투사, 그리고 후자는 일제의 앞잡이가 되어 민족을 탄압하는 데 앞장서는 매혼자賣魂者가 되었다는 공식에서 알 수 있듯이, 법률가와 법의 전형적인 역할은 불의와 연결되어 있다. 이러한 고식적인 도식에 의하면 청산되지 못한 반민족적 일제 잔재의 전형적인 예로 법제를 들게 된다.

그러나 내 나라를 건설한 지 환력이 지난 이 시점에도 일반인과 문학이 법을 바라보는 시각은 별반 달라지지 않았다면, 그것은 중대한 문제가 아닐 수 없다. 이제 이 땅에서도 형식적인 법의 지배가 실현되기 시작했다. 이제 필요한 것은 그 내용을 채우는 일이다. 내용을 채운다는 것은 가치를 수립한다는 말이다. 그리고 가치는 합리적인 토론을 통해서 수립된다.

한국인의 정치의식 속에 7월의 존재는 미미하다. 한국 근대사에서 3월, 4월이나 5월, 심지어는 6월과도 달리 7월 하면 딱히 떠오르는 게 없다. 3·1 운동, 4·19, 5·16과 5·18, 6·25, 그리고는 (7월을 건너)

곧바로 8 · 15로 넘어간다. 현대사를 심도 있게 논의하는 전문가들도 7월은 거의 다루지 않는다. 민주공화국 대한민국이 탄생하면서 헌법이 제정된 제헌절이 엄연히 7월의 한가운데에 자리하고 있는데도 말이다. 우리 문학에는 '7월 문학'은 없다. 김수영과 신동엽으로 대표되는 '4월 문학'이 한 시대를 흔들었고, 임철우 · 황지우 등 일단의 '5월 문인'들이 세상을 호령했다. 최인훈, 장용학을 필두로 황석영, 윤흥길, 김원일 등 무수한 6월의 '전쟁문학' 및 '분단문학'의 선구자들은 이미 한국 현대문학사의 명예의 전당에 좌정하고 있다.

그러나 많고 많은 문인들 중에 우리 현대사에서 헌법 제정과 함께 사상 최초로 민주공화국이 수립된 7월이 차지하는 의미를 파고드는 작가는 거의 보이지 않는다. 역사는 기억을 둘러싼 싸움이다. 공동체의 기억은 부지런한 제의를 통해 공유될 필요가 있다. 우리 사회가 공유하는 이념적 자산은 무엇이며, 그 자산은 어떻게 축적된 것인가? 그 자산은 역사 속에서 축적된 것이며, 그 역사는 최소한 동학 운동에서 출발해 독립운동, 4 · 19, 반유신 투쟁, 5 · 18, 6월 항쟁에 이른다고 볼 수 있다. 그리고 그 정신은 반제, 반봉건, 자유, 민주, 통일 등의 어휘들로 요약될 것이다. 이 모든 가치를 건 투쟁은 일상적 법치를 확립하기 위한 과정이었다.

4월 문학과 5월 문학을 통해서 한국 문학의 절정을 이룩한 작가들은 법치 부재에 대한 고발과 야유와 탄식을 문학적인 장기로 삼았다. 적나라한 폭력이 지배하던 시대에는 불가피했다고 인정해 줄 수도 있다. 그러나 적나라한 폭력의 시대가 지나간 지금도 한국 문학 전체가 이러한 결함을 여전히 지니고 있다면, 그것은 문제가 아닐 수 없다. 한국 문학의 이러한 결함, 정확하게 말하면 편향성은 문학인만의 문제라기보다는 우리 문명권 일반의 특징인 합리주의의 부재에서 비롯될 것이다. 따라서 우리에게 주어진 과제는 두 가지 의미에서 이중적이다. 첫째로 우리의 과제는 근대의 완성과 근대의 극복을 동시에 이루어야 한다는 의미에서 이중적이며, 둘째로 우리의 과제는 문학에서의 합리적인 정신을 진작시키고 사회적으로 합리적인 제도를 정착시켜야 한다는 의미에서 이중적이다. 지금이라도 '7월 문학'을 번성시키기 위한 노력을 기울여야 할 것이다.[40]

그런데 문제는 이러한 역사와 기억이 제의 차원으로 승화되지 못하고 있는 현실이다. 다른 말로 표현하면, 공동체의 가치가 헌법 정신과 연결되지 못하고 있다는 것이다. 한 정치 공동체가 지향하는 최고의 가치가 헌법이란 문서 속에 담기고, 그 가치를 제공한 역사가 헌법 전문前文에 선언되지 않을 때 헌법은 하나의 종이 문서에 불과하다. 우리 국민에게 헌법은 무엇인가? 우리의 문학인들에게 헌법은 어떤 의미를 가지고 있는가?

그 이유는 우리 근현대사의 착잡함에서 찾을 수 있을 것이다. 지금까지 우리나라의 법의 문제는 적나라한 폭력의 문제였다. 일제의 폭력, 반공에 기초한 이승만 체제의 폭력, 반공과 성장 이데올로기 및 오도된 민족주의·약간의 지역주의 이데올로기에 근거한 유신체제의 폭력, 그리고 반공과 지역주의에 근거한 전두환 체제의 폭력 아래 대한민국의 역사는 법의 지배가 아니라 법을 통한 지배의 역사였기 때문이다.

자유의 시인 김수영은 후기 작품에서 "도야지우리의 밥찌끼 같은 서울의 등불"과 "도시의 피로疲勞"(「사랑의 변주곡」)를 경멸하고, "전통은 아무리 더러운 전통이라도 좋다"(「거대한 뿌리」)고 했다. 그리고 "부르주아와 프롤레타리아의 대립은, 선진국과 후진국의 대립으로, 남과 북의 대립으로, 인간과 기계의 대립으로, 미·소의 우주 로켓의 회전수의 대립으로 대치되었다"(「생활현실과 시」)고 하고, "단순한 외부의 정치세력의 변경만으로 현대인의 영혼이 구제될 수 없다는 것은 세계의 상식으로 되어 있다. 현대의 예술이나 현대시의 출발점이 여기에 있다"(「변한 것과 변하지 않은 것」)고도 했다.

탄생 후 40년 동안 우리의 헌법은 황지우의 말대로 사적인 동기로 공적인 권력을 휘두른 변태성욕자에 의해 능욕당한 여인이었다. 아홉 차례나 변태성욕자의 돌발적인 공격에 무참히 찢긴 여인이었다. 그러나 적어도 1987년 6·29 민중항쟁의 결실로 탄생해서 스물한 돌을 넘긴 새 헌법에 대해서는 아무리 시인이라는 특권을 가졌다고 해도 더 이상 그런 표현을 고집할 수 없을 것이다. 이 헌법은 시민의 땀과 정성을 모아 빚어낸, 우리의 여인이다. 그 여인을 지키는 업무를 맡은 헌법재판소라는 기관도 함께 만들었다. 국민이면 누구나 여인을 괴롭히는 자를 고발할 수 있는 '헌법소원' 제도도 생겼다. 이제는 우리 모두 이 여인을 아끼고 보듬어야 한다.

궁극적으로 법은 사람들 속에서 생명을 유지할 수 있다. 모든 국민이 법의 정신을 공유할 수 있는 방법은 없는가? 가장 보편적인 방법의 하나는 공동체가 지향하는 가치를 담은 문서를 일상생활에서 친숙하게 만드는 것이다. 지구상에 현존하는 헌법전 중에서 가장 연조가 깊은 헌법전을 가진 미국에서는 초등학교 때부터 헌법전을 인용하고 해석하는 습관을 키운다. 모든 논쟁을 헌법전의 단어를 중심으로 전개하는 문화가 보편화되어 있다. 한 연구 보고서에 따르면 미국 어린이들이 논쟁을 할 때 상대방의 잘못을 고발하면서 가장 빈번하게 내세우는 구절이 "이건 불공평해" It's not fair라는 헌법의 원리이며, 자기들 사이의 논쟁에서 결론이 나지 않을 때는 "대법원더러 판결하라고 해" Let the Supreme Court decide it!라는 말을 자주 쓴다고 한다. 미국의 문학 작품에 가장 빈도 높게 등장하는 열 개의 단어 중 아홉은 "우리들 국민" We the People, "생명, 자유, 재산" life, liberty, property 등 '헌법전' Constitution 속에 있는 말이라고 한다.

제2차 세계대전의 패전국 일본에서도 맥아더 군정 아래 새 헌법을 제정하면서 '국민의 헌법'으로 만들기 위한 여러 가지 노력을 쏟았다. 메이지 헌법의 고어체 대신 대중적인 일본어로 바꾸려는 시도도 있었다. 헌법을 계몽하는 노래와 영화도 제작되었다. 천황은 더 이상 신이 아니며 나라의 주인은 국민이라는 새 헌법의 의미를 해설하는 소책자가 수천만 권 전국에 배포되었고, 중등학교에 '새 헌법 이야기'라는 과목이 개설되었다. 맥아더에게 강제로 당한 제2의 항복 문서로까지 불리는 일본 헌법이지만, 그들은 그 헌법을 자신의 사랑하는 여인으로 만들려는 노력을 아끼지 않았다.[41]

이제 우리도 일상생활에서 헌법을 인용하고, 헌법전에 손때를 묻히는 습관을 기를 때가 되었다. 많은 나라의 수도에 헌법 광장이나 헌법의 거리가 있다. 그만큼 헌법은 나라의 상징이기 때문이다. 미국의 워싱턴, 멕시코의 수도 멕시코시티 등이 대표적인 예나, 새로 탄생한 나라에도 헌법 광장과 기념물이 등장하고 있다. 우리나라의 경우 제헌절 행사는 매년 관례적으로 대통령 참석 없이 국회의장의 주관 아래 열리고 있다. 최고법으로서 헌법이 갖는 상징성에 부합하지 않는 관행이다. 또한 7월 17일 제헌절을 4대 국경일의 하나로 지정해 공휴일로 삼았다. 그러나 토요 휴무제가 확대되면서 2008년부터 공휴일에서 제외된 사실이 행여나 헌법을 가볍게 여기는 정부기관의 국정철학을 반영한 것은 아닐지, 그럴 리야 없겠지만 짚고 넘어갈 문제다.

6

맺는 말

전쟁과 혁명의 시대에서 평화와 법의 시대로 이행하면서 법을 통한 지속적인 사회 개혁이 중심 과제로 자리 잡았다. 역사의 발전 그 자체가 개혁의 연속이어야 하기 때문이다. 법치주의는 개인적인 욕망will과 사회적인 이성reason 사이에 조화를 이루는 원리다. 다시 말하면 법적 질서는 개인의 욕망이 사회적으로 수용될 수 있는 기준과 한계를 설정해 준다. 법은 국민의 동의 위에서만 생명력을 유지하는 것이다.[42] 나라의 주인인 '국민'people이라는 추상적이고도 복합적인 개념 속에 포함된 구체적인 개인들의 욕망과 삶의 모습을 함께 담아내야 하는 과제가 법에게 주어진 것이다.

법은 사회 개혁의 수단이 되어야 한다. 법을 통한 사회 개혁이 제대로 이루어지지 않으면 그 사회는 정체되고, 정체의 도가 지나치면 붕괴를 면할 수 없다. 어느 사회에서든 개인간의 차이가 발생하기 마련이다. 개인의 사회 활동의 한계를 미리 규정하던 '신분'이 무너진 '정치적 평등 사회'에서도 경제적인 불평등은 필연적으로 발생하기 마련이다. 개인의 창의와 자유 의사에 대해 경제적 보호를 부여하는 자유민주주의와 시장경제 체제 아래서는 더욱더 경제적인 불평등이 가속된다. 따라서 경제적 약자가 곧바로 법의 약자, 정의의 약자가 되는 것을 막는 것이 법의 중요한 과제이기도 하다.

'자유'와 '평등'은 헌법의 양대 이념이다. 이 두 이념을 어떻게 조화롭게 달성하느냐에 따라 한 공동체의 성패가 결정된다. 자유와 평등의 조화는 이들과 함께 프랑스 혁명의 제3의 구호였던 '박애'의 미덕을 어떻게 수용하느냐에 달린 문제이기도 하다. 사법 개혁과 법률구조의 문제는 '자유와 평등의 이념을 성취하는 수단으로서 법치주의를 지도 원리로 하는 21세기 인류의 삶의 모습에 박애의 요소를 어떻게 첨가해서 구현시킬 것인가'라는 문제로 파악할 수 있다.

주

1 박세일, 『대한민국 선진화 전략』(21세기북스, 2006).

2 권태준, 『한국의 세기 뛰어넘기』(나남출판, 2006), 에필로그.

3 최장집, 『민중에서 시민으로: 한국 민주주의를 이해하는 하나의 방법』, 석학人文강좌 04(돌베개, 2009), 203쪽 이하.

4 국민투표법 제7조(2007년 5월 17일 개정).

5 이근식, 『자유와 상생: 새로운 시대정신을 찾아서』(기파랑에크리, 2005), 10~16쪽.

6 Stephen Wechsler as cited in Felicia Kornbluh, *The Battle for Welfare Rights: Politics and Poverty in Modern America* (Philadelphia: University of Pennsylvania Press, 2007), Ch. 3 (Legal Civil Disobedience), 63쪽.

7 국가인권위원회법 제2조 4호 라.

8 조효제, 『인권의 문법』 (후마니타스, 2007), 237~275쪽.

9 김정호, 『한국의 귀화 성씨: 성씨로 본 우리 민족의 구성』(지식산업사, 2003), 136쪽.

10 정수일, 『한국 속의 세계 (상) · (하)』(창비, 2005).

11 정수일, 위의 책 (하), 6~20쪽.

12 존 프랭클, 『한국문학에 나타난 외국의 의미』 (소명출판, 2008)에서 재인용, 120쪽.

13 자세히는 Kyong Whan Ahn, "The Rule of Law in South Korea: Insights into the Social Evolution during the Two Decades with the New Constitution (1987-2007)", International Symposium on Law & Democratization in S. Korea and Taiwan (University of Wisconsin Law School, 19 October 2007) 참조.

14 자세히는 안경환, 「한국사회의 특성과 법과 인권」, 『법학연구』(전북대학교 법학연구소, 2008. 6), 171~ 192쪽.

15 동일한 문구의 헌법도 제정 당시의 의도와는 달리 해석됨으로써 사실상의 헌법 개정과 같은 결과를 이룰 수 있다. 미국 헌법의 예를 다룬 대표적인 저술로는 Morton J.

Horwitz, *The Transformation of American Law, 1870–1960: The Crisis of Legal Orthodoxy* (New York: Oxford University Press, 1994)가 있다.

16 5·18 민주화운동에 관한 특별법, 법률 제5029호(1995. 12. 21) 및 법률 제5028호(1995. 12. 21).

17 한인섭, 『5·18 재판과 사회정의』(경인문화사, 2006); In Sup Han, "Kwangju and Beyond: Coping with Past State Atrocities in South Korea", 27 *Human Rights Quarterly* 998.

18 자세히는 이상희, 「과거사 청산 보고서」, 『2006 한국 인권 보고서』(민주사회를 위한 변호사 모임), 360~376쪽.

19 NGO를 헌법의 틀 속에서 정착시키려는 새로운 이론을 모색한 예로는 곽상진, 「헌법원리에서 본 시민운동」, 『헌법학연구』 제14권 1호(한국헌법학회, 2008), 37~74쪽 참조.

20 박은정 편저, 「NGO의 법률수요 실태 및 로펌의 프로보노(pro bono) 활동에 관한 조사: NGO 활동과 법률가의 역할」, 『NGO와 법의 지배』(박영사, 2006), 40~72쪽.

21 Tom Ginsburg, *Judicial Review in New Democracies: Constitutional Courts in Asian Cases* (New York: Cambridge University Press, 2003), 206~246쪽.

22 안경환, 「이병주와 김수영」, 『사랑과 사상의 거리 재기』(철학과현실사, 2003), 75~84쪽.

23 조영래, 『전태일 평전』(돌베개, 1998), 20~21쪽.

24 구해근 저, 신광영 역, 『한국 노동계급의 형성』(창비, 2002), 114쪽.

25 안경환, 『조영래 평전』(강, 2006), 203~237쪽.

26 최장집, 앞의 책, 148~149쪽.

27 Eibe Riedel, "Universality of Human Rights and Cultural Pluralism", in *Die Universalitat der Menschenrechte* (Berlin: Duncker & Humboldt, 2003), 138~162쪽. 일부 학자들은 '사회적 시민권'이라는 개념을 주창하기도 한다. 최장집, 앞의 책; 조효제, 앞의 책 참조.

28 박세일, 앞의 책.

29 OECD Metagora Forum. www.oecd.org/dataoecd 참조.

30 Bruce Cummings, *Korea's Place in the Sun: A Modern History* (New York: W. W. Norton & Co., 1997), 10쪽.

31 Alexander Hamilton, *The Federalist Papers* No. 78 (1788).

32 안경환, 「21세기 한국법학의 지향 목표」, 『법학』 제47권 4호(서울대학교 법학연구소, 2006), 1~12쪽; Kyong Whan Ahn, "Law Reform in Korea and the Agenda of Graduate Law School", 24 *Wisconsin International Law Journal* 223 (2006).

33 안경환·한인섭, 『배심제와 시민의 사법 참여』(집문당, 2005).

34 Bob Woodward & Scott Armstrong, *The Brethren: Inside the Supreme Court* (New York: Simon and Schuster, 1979); 봅 우드워드, 안경환 역, 『판사가 나라를 잡는다』(철학과현실사, 1995)·『판사가 나라를 살린다』(철학과현실사, 1996); 봅 우드워드, 안경환 역, 『지혜의 아홉 기둥』(라이프맵, 2008).

35 안경환, 『법, 영화를 캐스팅하다』(효형출판, 2007), 37~42쪽.

36 James Madison, *The Federalist Papers* No. 10 (1787).

37 최장집, 앞의 책, 146~147쪽.

38 John K. Galbraith, "Corporate Democracy: Civic Disrespect", *Dissent* (Spring, 2001) 23-26, 18쪽.

39 April Carter, *Direct Action and Democracy Today* (Cambridge: Polity Press, 2005); 에이프릴 카터, 조효제 역, 『직접행동』(교양인, 2007).

40 안경환, 「7월 문학을 위한 제언」, 『문예운동』(2000년 가을), 3~13쪽.

41 Koseki Shoichi, *The Birth of Japan's Postwar Constitution* (Colo: Westview Press, 1997).

42 Paul W. Kahn, *Cultural Study of the Law* Ch. 1 (Chicago: Chicago University Press, 1997).

4장

인권의 보편성과 국제적 보장체계

"제가 아우의 지킴이입니까?"Am I My Brother's Keeper?

-구약 성경 '창세기' 4장 9절

I

문제 제기[1]

인권 관념, 특히 국가 단위를 초월한 보편적 가치로서 인권 개념의 발전 과정은 복잡하다. 종교적 강론, 철학적 성찰, 시적 상상력, 정치적 가치 등 다양한 측면에 걸쳐 오랜 시일을 두고 점진적·중첩적으로 발전해 온 것이다. 인간사는 폭력과 질곡, 압제와 혁명, 전쟁과 갈등, 전복과 반전, 온갖 역사의 격랑을 거치면서 공동체 구성원으로서의 인간에게 어떤 보호를 부여할 것인가를 두고 치열한 논쟁을 벌여 왔다. 그 결과가 '인권'이라는 초국가적 · 보편적 가치는 공동체의 성격과 무관하게 보장되어야 한다는 합의다.

유대교의 경전인 구약의 '창세기'는 모든 인류의 공동 조상인 신의 가계도로 출발한다. 그러고는 인간을 창조한 신은 모든 인간을 고귀하게 여기며, 따라서 서로 도울 의무를 부과했음을 강조한다. 인간은 누구나 같은 신의 자식이기 때문이다. 이 메시지는 카인과 아벨 형제의 이야기에 확연하게 드러난다. 형 카인의 손에 살해된 아벨이 눈에 보이지 않자 여호와는 카인에게 아벨의 행방을 묻는다. "네 아우가 어디에 있느냐?"라고. 이 물음에 카인은 "제가 아우의 지킴이입니까?"라고 항의성 반문을 제기한다. 자신의 범행을 부인함으로써 살인에 대한 책임을 은폐하려는 의도였다. 이러한 카인을 여호와는 크게 꾸짖고 벌을 내린다. 그러면서도 그의 생명을 보호해 사회적인 삶을 영위하도록 허락하는 한편, 사회 정의 및 인간의 약점과 공존의 원리 등을 가르친다. 이렇듯 인류사 최초의 살인 사건은 언제 어떤 상황에서나 악해질 수 있는 인간의 본성을 직시하고, 끊임없는 계도를 통해 신의 뜻대로 인간 세상을 구현하기 위해 노력해야 한다는 윤리적 메시지를 전한다.

"제가 아우의 지킴이입니까?"라는 카인의 대답은 인류사에 가장 근본적인 물음과 논의 자료를 제공한다. 우리는 도움이 필요하거나 고통을 당하고 있는 타인에 대해 책임이 있는가? 있다면 그 범위는 어디까지인가? 다음으로 제기되는 문제는 누가 나의 '아우'인가? 그리고 '지킴이'keeper의 의미는 무엇인가이다. 혈연인 부모, 형제에 대해서 지킴이가 되어야 한다는 데는 비교적 쉽게 동의할 수 있을 것이다. 그러나 그 범위가 점차 확대될수록 합의를 이루기 어려울 것이다. 친족, 부족, 종족, 인종, 종교, 신조, 특히 현대 사회에서의 국가에 대해서는 어떤 책임을 지는가? 또한 의무를 진다면 그 의무는 자신의 일상생활 범위에 한정된 것인가, 아니면 시공의 제약을 넘어 불특정 다수에 대한 보편적인 의무인가? 그리고 그 의무의 구체적인 내용은 무엇인가? 무수한 의문에 대해서 분명한 대답을 할 수는 없다. 다만 한 가지 분명한 사실은 인권 관념의 역사적 연원은 인권을 적극적으로 주장한 것이 아니라 지킴이라는 의무의 관점에서 비롯되었다는 사실이다.[2]

2

인권 관념의 태동과 종교

모든 주요 종교는 어떤 관점에서든지 타인에 대한 인간적인 책임을 강조했다. 이 점은 인류사에서 가장 연조가 깊은 종교인 힌두교의 교리에도 잘 나타나 있다. 약 3000년이란 장구한 세월에 걸쳐 여러 사람에 의해 만들어진 집단 창작물인 경전 『베다』와 『우파니샤드』는 시종일관 신의 정의는 영원, 보편한 것으로 인간의 삶의 기준이 되어야 한다고 역설한다. 이들 힌두의 경전은 선과 악, 지혜와 도덕적 행위, 관용과 열정을 강조했고, 특히 도움이 필요한 사람에게 바른 행동dharma, 선행sadachara을 할 것을 요구한다. 그리하여 자신의 이기심을 극복해서 타인, 특히 굶주리거나 몸이 아픈 사람, 집이 없는 사람과 같은 사회적 약자에게 세속적인 책임을 부담할 것을 강론한다[3](『마나바 다르마 샤스트라』Manava Dharma Śāstra, '마누법전').[4] 사람은 제각기 다르지만 모든 인간이 신성하므로 사랑과 존경을 받고, 폭력으로부터 자유로워야 한다고 강론했다. 후일 스스로 정통 힌두교의 독실한 신자임에 큰 자부심을 공언했던 마하트마 간디Mahatma Gandhi(1869~1948)의 비폭력 사상도 이러한 힌두교의 교리에 뿌리를 두고 있다. 비폭력〔아힘사(ahimsa)〕의 원리란 언제 어떤 시점에서도 살아 있는 모든 생명체에 대해서 마음이나 언행을 통해 고통을 주어서는 안 된다는 것이다.[5]

흔히들 기독교는 '사랑의 종교'라고 규정한다. 예수가 하층민에게 보인 연민의 정은 기독교를 '사랑의 종교'로 규정짓기에 충분하다. 성경 곳곳에 기록된 여성, 병자, 어린이 등 사회적 약자에 대한 예수의 특별한 관심과 애정은 다른 어느 종교의 경전에 뒤지지 않는다. "정의를 세우라고 너를 부른다"('이사야' 42장 4절)라는 보편적인 의무뿐만 아니라, "네 이웃을 압제하지 말며……"('레위기' 19장 13절)·"이웃을 공정하게 재판하라"(15절)·"이웃 사랑하기를 네 몸과 같이 하라"(18절)와 같은 '레위기'의 구절처럼 일상에서의 윤리적인 행위를 강조하고 이방인의 권리를 보장하라는 명령에서 국제인권법의 맹아를 찾아볼 수 있다. "본국인들 사이뿐만 아니라, 본국인에게 몸 붙여 사는 외국인과의 사이에서도 공정하게 재판해 주어야 한다. 재판할 때 한쪽을 편들면 안 된다. 세력이 있는 자든 없는 자든 똑같이 들어주어야 한다"('신명기' 1장 16~17절).

기독교 경전에 담긴 무수한 경구 중에서도 누가복음의 '착한 사마리아인'Good Samaritan 이야기가 '이웃 지킴이'의 실체를 가장 선명하게 드러낸다. "네 이웃을 네 몸과 같이 사랑하라"는 예수의 강론에 대해 "도대체 누가 제 이웃입니까?"라는 물음이 제기되자 예수는 생생한 실례를 제시한다. 어떤 행인이 노중路中에서 강도떼를 만났다. 강도는 행인의 소지품을 빼앗고 폭행한 후 길바닥에 팽개쳐 둔 채 길을 재촉해서 떠났다. 지나가던 율법사도 이를 보고 외면했고, (주류의) 레위 사람도 마찬가지였다. 그런데 (소외받고 차별의 대상이던) 사마리아인이 나서서 피해자를 도왔다. 환자가 완전히 회복할 때까지 일체의 치료와 비용을 감당했다. 예수는 이 셋 중 누가 진정한 이웃이냐고 반문했다. 사마리아인이야말로 진정한 '이웃'이라는 정답을 듣고 너희도 그렇게 살라고 명령했다('누가복음' 10장 29~37절).

부처의 삶과 불교의 교리도 마찬가지 메시지를 전한다. 고타마 싯다르타는 왕자라는 지위가 보장하는 특권과 세속적인 삶의 쾌락을 포기하고 중생의 고통을 구제하는 일에 나섰다. 그는 당시 브라만 중심의 엄격한 카스트에 강한 비판을 제기했으며, 모든 중생이 존엄함을 믿고 특히 가난, 질병, 노약 등의 사유로 고통받는 사람들을 위해 자비를 베풀 것을 강론했다. 인간의 내적인 고통, 즉 '고제'苦諦(두카)와 함께 보편적인 동정심을 내포하는 개념으로서 자기를 잊는 경지, 즉 '무아'無我(아나트만)의 개념을 강조했다. 붓다는 극단적인 쾌락과 극단적인 고행 사이의 '중도'中道를 제창했는데, 그의 궁극적인 지향은 해탈, 즉 모든 중생이 고苦와 업業으로부터 자유로운 경지(니르바나)에 도달하는 것이었다.[6] 붓다의 자비와 연기緣起 사상은 훗날 대승불교의 초석이 되어 대중 구원이 우선이라는 교리가 강조되었다.[7] 한층 더 나아가 붓다는 모든 사람이 팔정도八正道*를 실천함으로써 고통으로부터 해

탈하는 방법〔도제(道諦)〕을 찾을 수 있다고 가르쳤다.[8]

공자孔子의 가르침인 유교도 대동소이하다.[9] 공자는 정의의 원칙을 구현하려면 현명한 군주가 필수적이라고 생각했다. 공자는 정치에 종사할 수 있는 바람직한 자질로 다섯 가지 미덕을 제시했다. 다섯 가지 미덕이란 '군자로서 은혜를 베풀지만 낭비하지 않으며, 수고롭게 부리되 원망은 사지 않게 하고, 바라는 것은 있으되 탐욕스럽지는 않으며, 안온하되 거만하지 않고, 위엄이 있으되 사납지 않은' 것이다. 또한 공자는 네 가지 악덕을 물리치라고 강조했다. 네 가지 악덕은 다음과 같다. "교화해 보지도 않고 죽이는 것을 '잔학'이라 하고, 미리 계고하지 않고 일한 성과만 따지는 것을 '포악'이라 하며, 명령을 소홀히 하고 실천 기한을 재촉하는 것을 '해악'이라 하고, 사람들에게 고르게 나누어 주어야 할 재물의 출납을 인색하게 하는 것을 '각박한 창고지기'라 한다."[10] 공자는 세금이나 군인 없이는 나라가 존재할 수 있지만, 신실한 믿음이 없으면 국가 존립의 정당성이 결여된다고 보았다.[11] 맹자孟子는 인간의 타고난 심성은 타인의 고통에 대해 연민을 느끼는 선한 마음이기에, 이러한 선을 개발해서 인간 세상을 제도할 수 있다고 믿었다.[12]

---

* 즉 바른 견해〔正見, Samma Ditthi〕, 바른 생각〔正思惟, Samma Sankappa〕, 바른 말〔正語, Samma Vaca〕, 바른 행동〔正業, Samma Kammanta〕, 바른 생활〔正命, Samma Ajiva〕, 바른 노력〔正精進, Samma Vayama〕, 바른 생각〔正念, Samma Sati〕, 바른 집중〔正定, Samma Samadhi〕으로, 깨달음의 경지인 열반의 세계로 나아가기 위해 실천 수행해야 하는 여덟 가지 길을 말한다.

겸애兼愛를 핵심으로 하는 묵가墨家 사상을 창립한 묵자墨子(B. C. 480~B. C. 390)도 사람은 누구나 불특정 일반에 대해 의무를 지며, 자기희생을 아끼지 말아야 한다고 강론했다. 공자의 유가사상이 신분과 지위, 가족의 친소 관계 등을 기준으로 의무의 내용을 차등화시킴에 반해 묵가의 겸애사상은 세상 일반에 대해 동등한 사랑을 표방한 것으로 '평등의 철학'이라는 평가를 내릴 수 있다. 그는 세속의 질서가 따라야 할 최고의 법도는 '하늘의 뜻'〔天志〕이며, 하늘의 뜻은 만인에 대한 평등한 사랑이라고 주장했다.[13] 묵자는 특히 위선적인 자애를 부인하는 데 역점을 둔다. 즉 자기 위주의 사랑은 의식, 무의식적으로 자신의 모순을 합리화시키는 수단이다. 묵자는 이러한 모순을 낳은 사람들의 의식구조가 사회 혼란을 야기하는 원인이라고 믿었고, 이러한 인간적·사회적 모순을 극복하기 위해 '겸애'의 덕목을 배양할 것을 주장했다. 공자의 유가나 법가 사상이 지배자의 입장에서 봉건 치세를 옹호하는 편에 선 반면, 묵가사상은 하층 피지배자의 관점에 서서 모든 사람에게 동등한 정도의 사랑을 베풀 것을 강론한 만민평등주의적 철학이었다.[14]

인권 사상의 뿌리는 이슬람 세계에서도 확인할 수 있다. 기독교에 대한 개혁 종교로 등장한 이슬람도 신앙의 근본은 자비심, 불행한 자의 고통을 덜어 주는 데 있다. 코란은 알라신에 대해 지고 있는 신자의 의무를 정의, 생명의 존엄, 신체의 자유, 박애 등의 다양한 가치와 개념으로 구현한다. 마호메트Mahomet(570?~632)는 "우리 땅에 살고 있는 유대교(기독교) 신자들도 모욕과 괴롭힘을 당하지 않도록 명심하라"고

말함으로써 인류 최초로 '양심의 자유'를 보호한 것으로 평가된다.[15]

이와 같은 예에서 보듯이 따지고 보면 모든 인권 관념이 강한 종교성을 띠며,[16] "모든 권리의 원천은 다름 아닌 의무다"The true source of the rights is duty라는 간디가 말한 촌철살인의 명구 속에 인권 사상의 뿌리와 핵심이 담겨 있다.[17]

한 가지 유념할 것은 이러한 고대 종교의 탄생 배경에 인권에 관한 성찰이 담겨 있었다고 할지라도 현대인의 인권 관념으로 고대 종교의 교리를 판단하는 것은 오류를 넘어선 환상이라는 사실이다. 주제와 정도의 차이일 뿐 모든 종교에 인권에 대한 성찰과 함께 반인권적인 요소가 편재해 있었다.[18] 그렇기에 시대의 발전에 따라 종교의 경전을 해석, 보완하는 노력이 필요할 것이다.

3

철학적·사상적 배경: 인간의 본성, 자연법, 자연권

고대 종교의 교리가 시공을 초월한 보편적인 인권 개념 정립에 기여한 것은 너무나도 명백한 역사적 사실이다. 이는 후일 국제인권법이라는 법 영역을 정립하는 데 원조가 되었다. 그러나 비록 초기 종교가 평화와 전쟁 시의 보편적인 인류애를 천명했지만, 보편적 가치로서의 인권 개념이 정립되기까지는 많은 시일이 소요되었다.* 또한 인권 개념을 형성하는 데는 도덕 내지 정치사상의 기여도 동반되었다. 수세기에 걸쳐 많은 사상가들이 공동체 내에서 구성원 상호간의 관계와 더불어 개인과 공동체의 관계라는 난제를 두고 고심했다. 이들 중

---

* 예를 들어 노예, 여성, 외국인, 동성애자 등은 초기에는 온전한 사회 구성원으로 여겨지지 않았다.

일부는 특정 종교에 기반을 두지 않고 인간의 본성, 사회적 정의, 인류의 보편적 가치, 이웃에 대한 책임 등의 문제를 성찰했고, 이러한 성찰을 바탕으로 어떻게 하면 전통적인 '지배 규범 중심' rule-based의 사회를 '권리 중심' rights-based의 사회로 전환시킬 수 있는지, 그리고 국가와 정부가 담당해야 할 역할에 어떤 변화가 요구되는지에 대한 나름의 의견을 제시했다.

이들 사상가들은 저마다 국적, 문화, 전통도 다르고 관심의 초점도 달랐지만, 특정 종교의 교리에 바탕을 두지 않고 오로지 인간의 이성과 세속적 가치에 대한 의문 제기를 통해 새 시대의 여명을 알리는 데 앞장선 공통점이 있다.[19] 고대 바빌로니아의 함무라비 왕은 "약자가 강자의 제물이 되지 않도록" 법전을 제정한다고 선포하면서, "박해받는 사람은 누구나 법의 평등한 보호를 받기 위해 이 법의 품속으로 들어오라"고 덧붙였다.[20] 인도 초기 산스크리트 문서에서는 피치자의 복지를 보살필 통치자의 특별한 책임을 강조했다. "영토 내의 모든 사람은 가난이나 타인의 행위 때문에 피해를 입어서는 안 된다."[21]

기원전 3세기, 독실한 불교 신자였던 마우리아 왕조의 아소카 왕은 자신의 영토 내에서 신앙의 자유를 인정하는 칙령을 반포했다.[22] 16세기 힌두 철학자 차이타냐Chaitanya도 '불가촉천민' Dalit의 지위와 관련해 힌두신 앞에서는 인간이라는 단 하나의 카스트만이 존재한다는 획기적인 선언을 했다.[23] 유사한 내용이 중동, 아프리카, 그리고 콜럼버스 이전 아메리카 문명의 기록에서도 확인된다.[24] 아프리카에서도 정치권력의 남용을 방지하고 공동체 전체의 복지를 증진하는 배분적 정의를 강조하는 사상 전통이 있었다.[25] 그리스 비극의 대가 소포클레스 Sophocles(B. C. 496~B. C. 406)의 작품 『안티고네』Antigone(B. C. 441)에도 이러한 사상이 잘 나타나 있다. 안티고네는 반역죄로 처형당한 오빠의 시신을 '까마귀밥이 되도록' 방치하라는 국왕의 명령을 어기고 시신을 수습해서 장례를 치른다. 명령을 어긴 죄로 추궁받자 그녀는 세속적인 권위를 가진 국왕도 거스를 수 없는 천륜과 인륜의 법, 신의 법, 자연법의 존재를 내세워 항변한다. 언니의 무모한 범법 행위를 만류하던 동생 이스메네도 공범임을 자처하고 나선다. 국왕의 아들이자 안티고네의 약혼자인 하에몬도 아버지와 연인, 나라의 법과 신의 법 사이의 조화를 위해 고뇌하다 후자를 택함으로써 죽음에 동참한다.[26]

로마 시대의 스토아학파도 보편적 인권 개념이 발전하는 데 기여했다. 그리스 철학의 적통 계승자로 인식되는 이들 학파는 우주 전체를 다스리는 이성적이고도 만민이 평등한 원칙을 정립하기 위해 골몰했다. 자연과 우주는 중력의 법칙, 타인을 동등하게 다루어야 할 윤리적 의무 등 온생명을 포괄하는 총체적인 질서다. 이들은 인간의 심성에 내재한 '바른 이성'을 통해 이러한 자연법을 확인할 수 있다고 믿었다. 키케로Marcus Tullius Cicero(B. C. 106~B. C. 43)는 주저 『법률론』De Legibus에서 이러한 자연법은 "어떤 성문법이 제정되거나 어떤 국가도 탄생하기 전에 성립된 것으로 보편적인 법과 정의를 담보해 모든 시대와 국가에 적용되는 영원하고도 불변하는 법"이라고 말했다.[27]

로마 법전의 제정자인 유스티아누스 황제는 "정의는 모든 인간의 권리를 보호하기 위한 타협 불가능하고 영원한 체계다"라고 선포했고, 이러한 보편적 정의관에 근거해 법학자들은 만민법jus gentium이라는 개념을 발전시킨 것이다. 즉 만민법은 로마 시민에 한정해서 적용되는 시민법에 대응하는 개념으로, 법의 자연적 본성에서 유래한 것이므로 세계 시민의 입장에서 일정한 권리와 의무를 창출한다는 것이다.[28]

중세의 강을 넘어 근대의 여명이 도래하면서 봉건주의가 쇠퇴하고 상업의 발흥에 따라 새로이 출현한 중산층의 정치적 권력이 강화되면서 개인적인 자유에 대한 주장이 강해지기 시작했다. 르네상스 운동과 종교개혁은 개인의 지적 능력과 정신적 해방을 도왔다. 이러한 시대 변화에 힘입어 정치적·경제적 속박과 종교의 무관용에 대한 비판의식이 제고되면서 통치자들로 하여금 자연적 권리를 존중할 것을 요구하기 시작했다. 1215년 영국의 귀족들은 국왕에게 강요해 자신들의 권리를 보장하는 문서인 마그나 카르타Magna Carta(대헌장)[29]를 얻어 냈고, 이에 힘입은 노르웨이 마그누스Magnus 왕이 1275년에 발표한 Magnus Lagabøtes Landslov 칙령은 한 걸음 더 나아가 법 앞의 평등을 선언했다.[30]

기독교 철학자 토마스 아퀴나스Thomas Aquinas(1225~1274)는 자연법을 신의 법의 화신으로 파악해 인류와 신의 권위에 복종하는 인간이라는 이중적 지위로 설명했다.

15세기 초 프랑스의 작가 크리스틴 드 피장Christine de Pizan은 모든 자연법의 논의는 여성 문제를 포섭해야 한다고 주장했다.[31] 체코의 얀 후스Jan Hus(1372~1415),[32] 네덜란드의 에라스뮈스D. Erasmus(1466~

1536)[33] 등도 자연법 신봉자였다. 네덜란드의 법학자이자 외교관인 휴고 그로티우스Hugo Grotius(1583~1645)는 명저 『전쟁과 평화의 법』On The Law of War and Peace(De jure belli ac pacis, 1625)에서 자연법은 물리적으로나 도덕적으로 특정 정치적 권력으로부터 독립되어 존재한다고 주장했다.[34] 명말 청초의 양명학자 황종희黃宗羲(1610~1695)는 군주는 객일 뿐이고 천하(백성)가 주인이라는 주장을 담은 저술을 펴내 당대의 금서가 되기도 했다.

초실정적인 자연법 이론은 세속적 권력에 '대항'해서만 제기된 것은 아니다. 국왕의 권력이 신으로부터 수권한 일종의 자연권이라는 왕권신수설이 한 시대를 풍미하기도 했고, 이러한 전제군주론은 곳곳에서 유혈 폭동과 혁명을 불러들이기도 했다. 비교적 절대왕정이 취약했던 영국의 경우는 정치적 타협을 통해 일련의 인권 문서가 탄생했다. 1628년의 '권리청원'Petition of Rights은 자의적인 체포와 구금으로부터의 자유를 보장했다. 크롬웰 청교도 혁명 당시 수평파Levellers의 강령은 '인민과의 약속'Agreement with People이라는 제명으로 모든 사람에게 생명, 재산, 자신의 대표를 선출할 권리, 종교의 자유, 그리고 강제 징집으로부터의 자유로 구성되는 '자연권'을 보장할 것을 내걸었다.[35] 1679년 의회는 '인신보호법'Habeas Corpus Act을 제정해 자의적인 체포를 금지했다. 1688년 '명예혁명'의 산물인 1689년의 '권리장전'Bill of Rights은 인권 보장의 세계사에 금자탑이 되었다.

영국과 프랑스에서 일어난 시민혁명의 배경에는 많은 정치사상가들의 노고가 있었다. 존 로크John Locke(1632~1704)의 『관용론』Letters

Concerning Toleration(1689)과 『시민정부론』Two Treaties on Civil Government(1690)은 이 시대의 대표적 저술이다. 『관용론』에서는 신과 동료 시민에 대한 깊은 종교적 신념에 기초해 책임responsibilities, 자연법natural law, 자연권natural rights의 상관관계를 논한다. 이러한 논의에 바탕해서 종교의 자유와 양심의 자유를 주장한다. 『시민정부론』에서는 인간이 사회를 조직하기 전인 자연 상태에서 일정한 권리를 보유하고 있었다며 자연권 사상을 전개했다. 루소는 대표작 『사회계약론』에서 "인간은 본래 자유롭게 태어났으나 곳곳에서 사슬에 묶여 있다"라는 경구와 함께 명시적으로 자연권의 존재를 인정했으며, 볼테르Voltaire(1694~1778)[36] · 데이비드 흄David Hume(1711~1776) · 몽테스키외 · 디드로Denis Diderot(1713~1784)*와 같은 계몽사상가들이 동참했다. 이러한 계몽사상가들의 집적된 지혜가 인간에게는 '양도할 수 없고'inalienable, '변경할 수도 없는'unalterable 천부인권의 존재를 자명한 진리로 만들었다. 이러한 천부인권의 자연권 사상은 '미국 독립선언'(1776)에서 천명되었고,[37] 이어서 프랑스 혁명의 '인간과 시민의 권리 선언'(1789)으로 이어져 자유, 재산, 안전, 압제에 저항할 권리를 선언하기에 이르렀다.

1791년은 인류의 인권사에 특기할 한 해였다. 이해에 제정된 프랑스(제1공화국) 헌법은 사상의 자유와 종교의 자유를 명시적으로 보장했

* 백과사전에 최초로 '자연법'이라는 항목을 추가했다.

다. 그리하여 구체제 아래서 박해와 차별의 대상이었던 유대교도와 개신교도에 대해 전면적인 신교의 자유를 보장했다. 뿐만 아니라 세계 최초로 빈민 구제, 무상 공교육제 실시 등 경제적·사회적 권리를 규정했다.[38] 그러나 이 '위대한 프랑스 혁명'의 문서도 여성을 온전한 인간으로 인정하지 않았다. "여성이여, 깨어나라! 이성의 경종이 우주에 진동해서 당신의 권리를 알려 주고 있으니……." 독학으로 글쓰기를 깨친 푸줏간 집 딸 올랭프 드 구즈Olympe de Gouges(1748~1793, 처녀명 Marie Gouges)는 스스로 초안한 '여성과 여성 시민의 권리 선언'을 발표했다.[39] 그는 프랑스 혁명의 결과로 탄생한 「인간과 시민의 권리 선언」(1789)이라는 인권선언과 이를 바탕으로 제정된 1791년 프랑스 헌법이 남녀 차별의 유습을 답습해 '인간' 속에 여성을 동등하게 포섭하지 않은 데 대한 분노를 별도의 여성 인권선언으로 대항했다. 그녀의 고발을 이어받아 마르키 드 콩도르세Marquis de Condorcet(1743~1794)는 의회에서 혁명 과정에서 여성의 기여를 강조하면서 남녀 차별 철폐법안을 발의했다.[40] 세인트 도미니크Saint Dominique(현재의 아이티Haiti)에서는 노예 반란이 일어나 주인을 상대로 평등한 인간임을 인정받기 위한 투쟁에 나섰다.

또한 바로 이해에 미국 헌법의 기본권 조항인 '권리장전'이 제정되어 오늘날에 이르기까지 현존하는 '최고最古 헌법'의 지위를 유지하고 있다. 영국의 정치사상가 토머스 페인Thomas Paine(1737~1809)은 『인간의 권리』The Rights of Man(1791)를 출간했다. 이 책에서 그는 사상 최초로 자연권 이론에 근거해 '인권'human rights이라는 용어를 사용했다.

그는 '지킴이'의 주제에 맞추어 프랑스 인권선언의 숨은 이면을 추적했다. 그리하여 "권리의 선언은 동시에 의무의 선언이다. 나의 권리는 타인의 권리이기도 하다"[41]라는 명제를 선언했다.

16세기 도미니크 수도회의 에스파냐 법률가 비토리아Francisco de Vitoria(1492~1546)는 종교의 이름으로 아스텍과 잉카제국의 이교도 대량 학살을 정당화시키는 에스파냐의 폭압 정치에 강한 비판을 제기했다. 그는 모든 민족, 국가의 평등을 전제로 한 새로운 국제법 질서를 주창해 후세인의 칭송을 받는다.* 또한 도미니크 수도회의 신부, 바르톨로메 데 라스카사스Bartolomé de Las Casas(1474~1566)의 선구적인 역할도 특기할 가치가 있다. 그는 인디언도 "주님이 창조한 우리의 형제다"라면서 기독교의 교리와 양심에 호소하기도 했다.[42] 또한 그는 인민주권론을 주창한 선구자로 알려져 있기도 하다. 그의 '자결권 이론'doctrine of self-determination에 의하면 모든 권력은 인민에게서 나오며, 통치자의 권한은 인민이 자신의 필요에 의해 위임한 것이므로 이를 변경할 경우에는 인민의 동의를 얻어야 한다는 것이었다.[43]

그러나 역사의 수레바퀴는 저절로 움직이지 않는다. 새로운 가치와 이상이 대두할 때마다 언제나 기존의 가치와 충돌하기 마련이고, 그 충돌은 많은 경우 피의 혁명으로 이어진다. 혁명이란 사람들의 생각이 근본적으로 달라지는 것이다. 시민혁명이란 군주가 아니라 시민이

---

* 그는 생전에 책을 출판하지 않았고, 강의 노트만이 후세에 남아 있다.

나라의 주인이라는 생각이 새 시대의 전범이 되는 변화를 정치제도에 반영한 것이다. 보편적 인권이라는 초국가적 개념을 국가 내의 법제 속에 반영하는 것도 또 하나의 혁명이라고 명명할 수 있다. "인권의 적은 주권sovereignty이다"라는 경구 속에 국제 인권의 장애물이 설치되어 있다. 국가주권의 원칙에 입각하면 영토 내의 국민을 보호하는 것은 국가에게 위양된 독점적인 권한이다. 1792년 군주국인 영국에서는 '인간의 권리'를 근거로 미국 독립혁명을 지지하는 불온사상을 유포한 토머스 페인의 허수아비를 태우는 화형식이 런던 신민의 열렬한 지지 속에 거행되었고, "국왕에게 신의 가호를"God Save the King이란 구호에 많은 군중이 환호했다.[44] 영국 보수 사상의 대변인인 에드먼드 버크Edmund Burke(1729~1797)는 프랑스 혁명을 비판해 역사의 대재앙이라고 했다. 그는 『프랑스 혁명에 관한 고찰』Reflections on the Revolution in France(1790)[45]에서 "자유란 점진적인 발전을 통해 단계적으로 성취되어야 하는 것이며, 급격한 변화를 통해 성취하는 것이 아니다. 몽매한 사람들이 준비되지 않은 상황에 일시에 많은 자유가 주어지면 오히려 커다란 혼란과 재앙을 불러들인다"고 혹평했다.*

이렇듯 인간사에서 지배자ruler 대 피지배자ruled의 구분은 지극히 '자연적 질서'natural order로서 존중되어야 하며, 따라서 교육·언어·성별·연령을 기준으로 하는 차이에 주목해 사회 계층간에 적절한 분

---

* 이 점은 버크(Burke)가 미국 독립혁명에 대해서는 우호적이었던 것과 대조된다.

업이 이루어져야 한다는 전통적인 차별론이 새로운 시대 조류를 수용하는 데 인색했다. 이러한 차별론의 극단적인 예가 인도의 견고한 카스트제도다.

종교 지도자들도 기존의 세속 질서를 지지하는가 하면, 일부 지식인들은 발전된 과학 지식을 근거로 사람 사이에 존재하는 기존의 차별을 더욱 정당화시키기도 했다. 또한 새로 등장한 '국민국가' national state 사상이 국제 인권 개념의 생성을 가로막았다. 프랑스의 정치사상가인 장 보댕Jean Bodin(1530~1596)의 주권론은 국가의 특성은 절대적이고 완전무결한 주권에 있다는 이론을 부각시켰고,[46] 그 논리적 귀결은 국가만이 국제법의 주체라는 법리를 강화했다. 1648년 베스트팔리아Westphalia 조약으로 개별 국가에게 국교를 선택할 권리가 주어지자, 개인의 자연권이나 교황의 특권 등 국가주권과 상충하는 그 어떠한 법리도 부정되었다. 3년 후에 출간된 토머스 홉스Thomas Hobbes(1588~1679)의 『리바이어던』Leviathan(1651)은 국가를 거인에 비유해서 신격화했다.*

이상에서 살펴보았듯이 18세기 말까지 지구 어느 구석에서도 보편적 권리로서의 인권의 가치는 정착되지 않았다. 몇몇 선구자의 이상

* 초판 표지에 그려진 삽화가 저술에 담긴 이론을 대변한다. 표지 상단에 그려진 거인의 형상은 수많은 사람들의 모자이크로 구성되었다.

이 지극히 제한된 범위 내에서 제도화 실험에 반영되었을 뿐, 근본적으로는 수직적 사회, 권위적 정체가 견고했다. 미래는 과거의 연장 내지는 재현이고, 인권이란 장래를 위협하는 위험한 관념으로 억압의 대상이라는 것이 보편적 관념이었을 것이다. 그리스의 민주정체 아래서도 자유민의 숫자는 전체 인구의 10퍼센트에 불과했고, 자연권을 신봉한 사람은 극소수였다. 종교도 이러한 계급사회를 옹호했고, 스스로 계급사회의 지배층에 군림했다. 광신자들은 보편성보다 배타성을 신봉했고, 관용보다 박해를 신앙의 미덕으로 삼았다.

언제나 이상은 현실보다 너무나 앞서 있었다. 미국 독립혁명과 프랑스 혁명도 위대한 이상을 천명했지만, 구체적인 현실은 이상과는 거리가 멀었다. 몽테스키외, 흄, 제퍼슨Thomas Jefferson(1743~1826) 같은 시대의 선각자들도 자신의 일상에서 이러한 믿음을 실천할 수 없었다. 미국 연방헌법의 권리장전도 인종 차별과 노예제에 대한 적대감을 천명했지만 현실적인 강제 수단을 마련하지 못하고, 타협과 미봉책을 마련하는 데 만족해야만 했다. 이러한 시대적 배경 아래 노예제와 노예무역 폐지를 위한 국제적인 차원의 연대적 노력이 가시적인 결실을 맺었다. 그리하여 탄생한 최초의 (국제) NGO는 '노예제 폐지를 위한 모임'이었다.* [47]

---

* 영국인 그랜빌 샤프(Granville Sharp)와 토머스 클라크슨(Thomas Clarkson)이 주도해서 설립했다.

4

초기의 국제적인 노력

오랫동안 동면하고 있던 인권의 맹아가 19세기에 들어와서 서서히 싹트기 시작했다. 지구의 곳곳에서 전쟁과 혁명을 통해 기득권이 무너지고 새로운 이상이 제도적인 결실로 나타나기도 했다. 포르투갈, 에스파냐로부터 독립한 라틴아메리카는 새 시대를 천명하는 헌법에 명시적으로 자유, 평등, 인간의 권리 등 장엄한 이상을 담았다.[48] 또한 이 시기에 들어와서는 고도의 기술 혁명과 수송·통신 수단의 발전으로 어느 한 곳의 자유에 관한 소식이 빠른 시일에 대양과 산맥을 넘어 널리 전파되었다.[49] 이렇듯 적기를 맞은 자유와 인권의 이상은 적어도 네 영역에서 가시적인 성과가 이루어졌다.

첫째, 노예 거래의 금지 내지는 노예제 폐지가 가장 먼저 공론을 얻은 주제였다. 노예무역은 16세기 이래 영국의 통상에서 가장 번성했으며, 1783년에는 해외에서 번 수입의 80퍼센트를 점하기도 했다. 노예무역의 폐지를 위한 선도적인 노력도 영국에서 선행한 뒤 미국으로 확산되었다.* 영국의 윌리엄 윌버포스William Wilberforce(1759~1833) 같은 활동가의 선구적인 노력에 힘입어 나폴레옹 전후 체제를 결정한 비엔나 회의(1814~1815)의 의제로 채택되기도 했다.**

둘째, 여성·노동자 등 과거 차별과 박해의 대상이었던 부류의 권리 보호가 중요한 의제가 되었다. 밀J. S. Mill(1806~1873)의 『자유론』On Liberty은 소수 의견, 소수자 보호의 중요성을 역설한 명저로, 후일 번성한 자유주의의 경전이 되었다. 사회 구성원 전체의 역량을 결집하는 사회('society as a whole')를 만들고자 그는 특히 여성의 권리 신장을 위해 노력했고, 1893년 뉴질랜드는 밀의 선창에 화답해 여성의 참정권을 인정한 최초의 국가가 되었다. 한편 1848년 "전 세계의 노동자여, 단결하라!"라는 공산당선언의 구호를 앞세운 마르크스의 공산주의 정치철학은 국경을 초월한 노동자 농민의 계급투쟁을 촉구해 새로운 형태와 내용의 인권 개념을 제기했다.

---

* 영국(the Act for the Abolition of the Slave Trade, 1807)과 미국(the Act to Prohibit the Importation of Slaves, 1807)에서는 노예무역 규제법이 제정되었다. 그러나 이 법들이 노예무역의 폐지를 위한 중요한 첫걸음을 내디딘 것은 분명하지만, 전면 폐지에 이르기까지의 길은 아직 험난했다.

** 윌리엄 윌버포스(William Wilberforce)는 800회 이상 노예무역금지법 제정을 촉구하는 청원서를 의회에 제출했고, 러시아의 알렉산더 1세를 설득해 이 주제를 비엔나 회의에 상정하는 데 결정적인 공헌을 했다. http://en.wikipedia.org.wiki/William_Wilberforce

셋째, 전쟁 부상자 보호와 포로의 처우에 관한 문제다. 국가나 나서기 전에 개인적 차원의 노력이 선행되었다. 크림전쟁 당시 러시아의 귀족 부인이었던 엘레나 파블로브나Elena Pavlovna(1784~1803)는 '자비의 자매'Sisters of Mercy라는 수백 명의 간호단원을 조직해 전장에서 부상병을 간호하기 위해 나섰고, 영국의 '작은 천사' 나이팅게일Florence Nightingale(1820~1910)은 빅토리아 여왕과 의회를 상대로 국가 차원에서 시스템을 구축할 것을 촉구했다.[50] 미국의 경우 남북전쟁 기간 동안 목숨을 아끼지 않고 봉사한 덕에 '전장의 천사'The Angels of the Battlefield라고 불렸던 클라라 바턴Clara Barton(1821~1912)의 활동도 주목을 끌었다. 이처럼 일부 국가들에서 개인의 주도 아래 인도적 차원에서 행해졌던 전쟁 부상병 치료 문제를 국제적 차원에서 제도로 정착시킨 선구적인 인물은 스위스의 앙리 뒤낭Henri Dunant(1828~1910)이다. 이탈리아-프랑스 연합군이 오스트리아를 상대로 치른 솔페리노Solferino 전투 현장에서 자신이 직접 목격한 전쟁의 참상에 충격을 받은 뒤낭[51]은 제네바와 유럽 곳곳에 청년기독인연맹Young Men Christian Union을 창설했고, 이어서 YMCA와 국제적십자사International Red Cross를 창설하는 데도 결정적인 영향을 미쳤다. 1864년에 체결된 '제네바 전쟁부상자 협약'Geneva Convention for the Amelioration of the Condition of the Wounded and Sick in Armed Forces in the Field은 전쟁 시의 개인 피해자 보호를 위한 최초의 국제 협약이 되어, 같은 해에 발생한 프러시아와 덴마크 사이의 전쟁에 적용되었다. 그리하여 흔히 '적십자법'Red Cross law, '인도법'humanitarian law, '무력분쟁 시의 인권법'human rights law in armed conflicts 등으로 불리는 일련의 국제인권법 체계가 국제회의의 보편적인 의제로 채택되었고, 1899년 헤이그 평화회의 이래 오늘에 이르기까지 핵심 의제로 남아 있다.

넷째, '인도적 개입'humanitarian intervention 법리의 등장이다.[52] 한 국가의 내정 문제는 주권국가의 독점적인 영역에 속한다는 것이 확립된 국제법의 원칙이다. 이에 대한 한 가지 예외가 '인도적 개입'의 법리다. 한 나라의 영토 내에서 일어난 일에 이해관계가 있는 타국은 해당 주권국가의 자발적인 협조에 근거해서만 관여할 수 있다. 그러나 역사적으로 볼 때 종교와 인종 문제는 유럽 전체의 문제였고, 중세 '십자군 원정' 이래 지속적으로 전승되어 온 역사적 유산이기도 했다. 근세에는 이교도인 오스만 튀르크Osman Türk 지역 내 기독교인의 문제를 어떻게 할 것인가를 두고 서방 세계가 발전시켜 온 법리이기도 하다.* 국제법의 아버지, 휴고 그로티우스는 통치자의 박해로 인한 피해를 구제하기 위한 개입을 인정했고,[53] 에머리히 드 바텔Emerich de Vattel(1714~1767) 또한 유사한 이론을 펼쳤다.[54]

1839년 서방 세계의 압력을 수용한 오스만 튀르크의 술탄Sultan 압

---

* 16세기에 이탈리아의 법학자 알베리코 젠틸리(Alberico Gentili, 1552~1608)는 무력에 의한 인도적 개입은 인도주의에 관한 보편법(common law of humanity)을 수호하기 위해 필요한 경우, 다시 말하면 "문제의 법을 위반할 경우 공동체 구성원 전원에게 공통의 피해가 발생할 위험이 있는 경우에 한정해서 (이해관계에 있는) 타국이 개입할 수 있다"고 했다. Theodore Meron, Common Rights on mankind in Gentili, Grotius and Suarez, 85 *American Journal of International Law* 110, 114 (1991).

둘메지드Abdulmecid는 '하티 샤리프Hatt-i Sharif 선언'을 반포해 "우리의 통치 지역 내에 거주하는 모든 사람은 신봉하는 종교에 무관하게 예외 없이 동등한 법적·정치적·경제적 권리를 보장받는다"고 약속했다.[55]

1870년대 터키의 지배하에 있던 불가리아와 헤르체고비나에서 기독교도의 반란이 줄을 이었다. 당시 윌리엄 글래드스톤William Gladstone 영국 수상은 『불가리아 공포와 동방 문제』The Bulgarian Horrors and the Question of the East(1876)라는 책을 통해 국제적인 관심 촉구와 제도적 해결에 앞장섰다. 러시아 등 6개 기독교 국가가 터키를 상대로 벌인 전쟁 끝에 체결된 '1878년 베를린 조약' 또한 터키 영토 내의 '유대, 기독교'를 명시적으로 열거한 소수 종교의 보호 조항을 담았다. 이러한 소수 종교 보호 조항은 터키에 강제된 것은 아니었다. 러시아, 헝가리 같은 기독교 국가도 소수자의 전면 통합을 국가의 공식 정책으로 표방하고 나섰다. 또한 그리스의 독립에 관한 1881년 콘스탄티노플 조약도 독립할 그리스의 영토 내에서 이슬람교도를 보호하는 조항을 두었다.[56]

이와 같은 역사적 과정을 거쳐 소수자 보호는 세계인의 상식이 되었고, 이들의 생명, 자유와 평등을 보호하기 위한 국제사회의 인도적 개입권은 보편적인 국제관습법으로 등장하기 시작했다.

5

20세기 초

20세기는 '인민의 세기'People's Century다.* 증기의 세기Century of Steam에서 전기의 세기Century of Electricity로 이행하면서 공업의 발달, 산업 경제 규모의 확대로 이어졌다. 기술, 경제의 상호 의존, 전신, 무선통신, 선박, 항해, 지적 재산, 무역 거래 등 지구적인 문제에 대해 지구적 관점의 해결책이 요구되는 지구화 시대에 접어들었다. 이러한 시대의 변화는 20세기에 들어와서 제1차 세계대전이 발발하기 전에 이미 13개의 국제기구와 300개 이상의 국제 NGO 설립으로 이어졌다.[57]

---

* 이 말은 제2차 세계대전 중 헨리 월레스(Henry Wallace)가 사용한 이래 세기말까지 상용어가 되었다.

그러나 일면 20세기는 인류의 역사에서 가장 잔인한 전쟁과 혁명으로 점철된 또 다른 격동의 세기가 되었다. 이 시대 최고의 인종 차별 철폐 투사였던 두 보이스W. E. B. Du Bois(1909~1974)는 "20세기의 문제는 '색깔선의 문제'the problem of the color line다. 아시아, 아프리카, 그리고 아메리카와 태평양 섬들에서 검은색 피부와 밝은 피부를 가진 인종간의 관계가 20세기의 과제다"[58]라고 선언했다. 시종일관 전면적인 직접 투쟁을 표방한 그는 견고한 현실의 장벽을 고려해 유화적인 방법에 의지한 동시대의 흑인 지도자들에게 반발해서 급진적인 나이아가라 폭포 회합을 통해 '전미 유색인종 권리증진협회'NAACP(National Association for the Advancement of the Colored People)의 설립을 주도했다.

인도 출신 청년 변호사 간디Mohandas Gandhi는 대영제국의 속방인 남아프리카에서 벌어지고 있는 인종 차별, 특히 인도인에 대한 차별에 항의하고, 1906년 지극히 차별적인 '아시아인 등록법'Asiatic Registration Act에 대해 항의하는 조직적인 운동을 주도했다. 벨기에의 선박회사 직원인 모렐E. D. Morel은 콩고를 중심으로 일어난 노예무역의 참상을 알리기 위해 NGO를 조직해 각종 팸플릿 홍보 운동을 벌였으며,[59] 후일 국제사면위원회Amnesty International의 창립을 유도했다. 또한 아샨티Gold Coast의 영국군에 대한 반란, 서남아프리카(현재의 남미비아)에서의 독일에 대한 반란, 인도차이나인의 대 프랑스 항전, 미국에 대한 필리핀의 저항, 에티오피아와 소말리아의 대 이탈리아 투쟁, 그리고 모든 서양인에 대한 중국의 의화단 운동 등 아시아·아프리카 여러 나라에서도 인종 차별적 식민 지배에 저항하는 움직임이 일어났다.

20세기 국제무대에서 공유되고 있던 보편적인 인종적 편견은 백인우월주의였다. 수세기에 걸쳐 고착된 백인우월주의의 편견은 일본의 국제무대 등장으로 새로운 국면을 맞이했다. 러일전쟁에서 일본이 승리한 것은 인종 전쟁의 관점에서 볼 때 세계사에 커다란 전환점을 마련한 것도 사실이다. 백인에게 아시아인이 최초로 승리한 일은 아시아인에게는 자부심을 고취시켜 준 반면 백인 세계에는 엄청난 충격을 가져다주었다.[60]

에밀리아노 사파타Emiliano Zapata, 판초 비야Pancho Villa 등이 주도한 1910년의 멕시코 민중혁명은 농민 운동의 혁혁한 승리로 칭송되었다. '잠자는 사자' 중국에서는 1911년 신해혁명이 일어난 결과 청조가 막을 내리고, '인권의 평등'을 요지로 하는 헌법을 통해 '공화국'을 선포하기도 했다. 레닌의 러시아 볼셰비키 혁명(1917)도 인권을 표방했다. 그러나 시민적·정치적 자유보다는 경제적·사회적 권리에, 개인보다는 계급의 집단적인 권리에 주목했다. 또한 이러한 노동자 농민 계급의 집단적인 권리는 점진적·자본주의적 방법이 아닌 폭력 혁명으로 성취될 수밖에 없다고 주장하면서, 유럽뿐만 아니라 전 세계로 확산되어야 한다고 역설했다. "세계의 노동자여, 단결하라"는 공산당선언의 구호가 상징하듯이 레닌은 『제국주의, 자본주의의 최고 단계』Imperialism the Highest Stage of Capitalism에서 "오리엔트, 아시아, 아프리카, 식민지에서는 이는 과거의 문제가 아니라 현재와 장래의 문제다"라고 역설했다.[61]

제1차 세계대전의 종전으로 전후 문제를 종합적으로 논의하기 위해 열린 1919년 파리평화회의는 한동안 세계 문제의 해결사로 기대되었다. 특기할 것은 수많은 비유럽 국가들이 회의에 참가했다는 사실이다. 이는 이제는 더 이상 유럽이 지구의 지렛대가 아님을 알려 주는 메시지이기도 했다. 미국, 호주, 뉴질랜드, 캐나다, 남아프리카, 일본이 최초로 참석했다. 강대국뿐만 아니라 약소국가도 참가했다. 유대인, 인도인, 아랍인, 그리고 아시아의 모든 인종이 참여했다. 두 보이스Du Bois의 환성처럼 "32개 국가, 민족, 인종이 모였다."[62] 이 회의의 결과로 국제연맹League of Nations이 결성되었고, 이른바 '소수민족 조약' Minority Treaties이 탄생했다. 회의를 주도한 우드로 윌슨Woodrow Wilson (1856~1924) 미국 대통령이 개회에 앞서 자국 의회에서 천명한 '14개 조항' Fourteen Points*에는 국력에 따라 승패가 좌우되지 않는 '새로운 외교 질서'의 가능성을 비치기도 했다. 유럽을 비롯한 세계 각국에서 열렬한 환영을 받은 그는 '인간성의 대변인' spokesman for humanity으로 추앙되었다.

전쟁과 혁명의 소용돌이 끝에 탄생한 국제연맹은 평화와 정의peace and justice라는 고귀한 이상을 구현하고자 인권 침해를 구제하기 위한 새로운 국제적 메커니즘을 고안했다. '국제연맹의 창립 규약' 속에 인

---

* 미국 이민법에 명시된 동양인의 이민을 규제하는 '황화'(黃禍, yellow peril) 조항과 국내에서의 인종 분리를 반대하던 윌슨 대통령조차도 일본의 제안에 대해서는 저지 세력에 동참했다. Woodrow Wilson, 8 January 1918 in United States, Congress, Congressional Record, 1918 pt 1, 681쪽.

권 침해를 제소할 수 있는 상설국제사법재판소Permanent Court of International Justice 설립과 '공정하고 인간적인'fair and humane 노동 조건을 마련할 책임을 국가에 부과했고, 이를 실현하기 위해 국제노동기구International Labor Organization 등의 설립을 위한 근거 조항이 포함되어 있었다. 이러한 제도적 혁신에 힘입어 이제 소수자 그룹은 자신의 권리를 침해하는 국가권력을 국제적 사법기구에 제소할 수단이 생긴 것이다. 인종 문제가 가장 첨예한 관심사로 부각되었다. 아직도 수천만의 사람들이 제국주의의 희생물로 박해와 착취를 당하고 이주의 자유를 박탈당한 채 질곡 속에 묶여 있었다. 두 보이스의 말대로 최소한 세상 문제에 약간의 관심을 가진 사람은 인종 문제야말로 가장 인화성이 높고, 언제라도 폭발할 위험이 농후함을 감지하고 있었다.

동양권 국가로는 사상 최초로 전승국 자격으로 회의에 참석한 일본 대표는 국제연맹의 창립 규약에 인종 평등 조항을 삽입하자는 제안을 했지만, 유럽 국가들의 집단적인 저지선을 넘지 못했다.[63] 인종간 완전 평등이라는 어휘가 제기될 때마다 고귀한 이상의 소유자이자 전도사로 알려진 지도자들의 입에서 '야만, 원시, 열등' 등 비열한 언어가 거침없이 튀어나왔다.

또한 국제연맹은 여성과 아동의 권리에 대해 제도적인 관심을 담았다. 물론 협약에는 모든 여성과 아동의 문제가 아니라 근로와 인신매매 문제에 한정되었지만, 이러한 제도적 장치는 후일 여성과 아동의 권리에 대한 전면적인 개선을 위한 초석이 되었다.[64] 또한 마약 거래 통제에 대한 최초의 국제적 협력체제가 구축되기도 했다.[65]

무엇보다도 1929년에 성립된 '전쟁 포로에 관한 제네바 협정'Geneva Convention Relative to the Treatment of Prisoners of War은 오늘날에 이르기까지 중요한 국제 규범으로 효력을 유지하고 있다. "포로와 부상당한 사람은 어떠한 상황에서나 인간적인 대우와 보호를 받아야 하며, 적절한 의학적 치료와 음식과 의복을 제공받을 권리를 보장받는다."[66]

난민refugee 문제 또한 중요한 의제로 제기되었다. 북극 탐험가로도 명망 높은 노르웨이의 난센Fridtjof Nansen(1861~1930. 1922년 노벨평화상 수상)의 이름을 딴, 국제연합의 난민고등판무관UN High Commissioner for Refugees의 자격으로 발급한 '난센증서'Nansen Pass는 52개국에서 인정하는 국제 여권이 되었다.

그러나 이러한 새로운 시도는 기득권 국가와 세력의 냉소 및 저항의 벽을 넘어야만 했다. 당대의 위대한 지도자라는 윈스턴 처칠Winston Churchill(1874~1965)이 인도의 지도자 간디에게 던진 평가가 당시의 분위기를 대변한다. "엄숙한 총독 집무실에서 반벌거숭이의 구역질 나는 이너 템플Inner Temple 출신의 한 쓰레기 변호사가 대영제국 국왕의 대리인과 동등한 자격으로 협상 테이블에 앉는다는 것은 언어도단이며, 소위 '간디즘'이란 것은 일고의 가치도 없는 망상일 뿐이다"라고 더없이 모욕적인 언사를 내뱉었다.[67]

안정적인 평화체제 구축에 대한 염원에도 불구하고 인류사에는 또 하나의 잔인한 시련이 기다리고 있었다. 베니토 무솔리니Benito Mussolini(1883~1945)의 파시즘, 아돌프 히틀러의 나치즘, 그리고 일본 국군주의의 결합은 제2차 세계대전의 발발로 이어졌다. 이들에게 인류의 보편적 권리, 평화, 국제연맹, 인종 평등, 여성의 권리, 소수 종교, 인간 존엄 등의 어휘는 마치 외계인의 언어나 마찬가지였다. 1931년 일본의 만주 침공에 대해 국제연맹이 비난 성명을 내자 일본은 연맹을 탈퇴했다. 히틀러의 『나의 투쟁』Mein Kampf은 공산주의자와 자유주의자에 대한 비난, 그리고 유대인에 대한 노골적인 증오의 언어를 담고 있었다. 그는 국제연맹은 유령을 쫓아다니는 어리석고도 위험하기 짝이 없는 망상에 찬 집단이라고 폄하하면서 '지배 인종'이 다스리는 일류 국가, 즉 제3제국을 건설해야 한다고 선동했다.

제2차 세계대전을 일러 '인민의 전쟁'People's War이라고 성격을 규정한 사람이 있는가 하면,* '국제적인 인종 전쟁'으로 평가한 사람도 있다. 무수한 사람이 죽었고, 대량 살상 무기가 동원되었으며, 학살·박해 등 인간의 선한 본성이 피폐해졌다. 6년에 걸쳐 진행된 이 전쟁은 그 어느 때보다도 많은 나라와 지역에 전장이 확대되었고, 물자와 자원이 동원되었다. 직접, 간접으로 전쟁의 영향권에 들지 않았던 곳은 거의 없었다. 제2차 세계대전은 무기와 병사의 전쟁인 동시에 사상과 이념 전쟁의 성격도 내포되어 있었다. 히틀러의 제3제국은 지구 전

---

* "사상 처음으로 전장에서 죽은 군인의 총수보다도 많은 민간인이 희생되었다. 군인의 전쟁이 아닌, '인민의 전쟁'(people's war)으로 부르기도 한다. 직접 무기를 든 군인은 고사하고라도 모두가 근로 동원을 비롯한 각종 희생을 강요당했고, 신체와 생명의 위험 앞에 무방비로 노출되었다(Sumner Wells, U. S. A.).", "이 전쟁은 지구상에 사는 인민들의 본질적 자유가 확고하게 보장되지 않는 한 승리가 없는 전쟁이다. 그러므로 우리는 용기와 신념으로 이 전쟁을 수행할 것이다."

체를 '이념적 · 생물학적 인종 전쟁'으로 밀어 넣었고, 다른 아시아인에 대한 일본인의 극도의 선민의식은 인종 전쟁의 색채를 강하게 풍겼다. 1941년 12월 7일 일본의 진주만 기습 공격은 전쟁의 양상을 근본적으로 바꾸어 놓았다. 제1차 세계대전 때 중립을 지키던 미국은 즉시 선전포고를 했고, 미국과 영국 사이에 신속하게 '대서양헌장'Atlantic Charter(1941)이 체결되었다. 또한 1942년 1월 1일에는 '국제연합선언' Declaration of United Nations이라는 이름의 연합국이 결성되었다. 미국, 영국, 소련, 캐나다, 인도, 뉴질랜드, 쿠바, 아이티, 남아프리카 등 26개국이 "자국과 타국의 영토 내에서 인권과 정의를 수호하기 위해서" human rights and justice in their own lands as well as in other lands[68]라는 동맹의 명분을 천명했다. 그리하여 전쟁의 성격을 인권과 정의를 유린하는 악에 대한 정당한 전쟁으로 규정했다.

6

유엔 체제의 등장

제2차 세계대전이 진행되는 동안 인류가 겪은 참상은 전쟁에 참여한 당사국뿐만 아니라 중립적인 관찰자나 방관자에게도 큰 충격을 주었다. 종전과 동시에 전승국을 중심으로 1945년 샌프란시스코에서 열린 회의는 유엔의 탄생으로 이어졌고, 뒷날 패전국을 수용해 명실공히 국제연합으로 발전하게 된 것은 인류의 업적으로 평가할 수 있다.

전쟁에서 승리하는 데 결정적으로 공헌한 미국에 대한 세계인의 기대는 높았다. 미국이야말로 '민주주의의 산실'이라는 신뢰와 기대가 있었고, 프랭클린 루스벨트 대통령에 대한 경외에 가까운 신뢰가 있었다. 참가자들 자신이 항구적인 평화체제를 구축한다는 꿈과 이상에 충만했다.

종전에 앞서 1944년 8월~10월, 워싱턴 근교에서 열린 덤바턴 오크스Dumbarton Oaks 회담은 유엔을 중심으로 한 국제 질서와 국제인권법을 정비하는 데 크게 기여했다. 첫째, 인권 문제를 세계적인 의제로 부각시켰다. 특히 연합국이 전쟁 과정에서 내걸었던 인류에 대한 약속을 환기시킴으로써 종전 후에 탄생할 국제기구의 헌장에 인권 문제가 직접 반영되도록 기초 작업을 한 것이다. 둘째, 인권을 평화의 핵심 내용으로 삼았다는 것이다.* 그리하여 유엔 탄생에는 반드시 인권 조항이 천명되어야 한다는 공감대가 형성되었다.**

이 회담에 미국, 영국, 러시아, 그리고 미국의 강력한 추천 아래 중국이 참여했다.*** 중국 대표는 국제연맹 결성 시에 일본이 제기했던 '인종' 문제를 다시 거론했으나 서방 강대국의 동의를 얻지 못했다.****

"인민의 전쟁을 치러낸 우리, 이제는 인민의 평화를 논할 때다."

— **월터 내쉬**(Walter Nash, 1882~1968. **후일 뉴질랜드 수상**)

---

* 전후의 체제는 단순히 지리적인 영토를 재정비하는 데 그치지 아니하고 '인민의 평화'를 구현하는 인권체제라는 점을 분명히 주지시켰다.

** 그러나 패전 적국이 자행한 인권 침해에 대해 합당한 응징을 가하는 문제와 함께 자국이 자행한 인권 침해 또한 외면할 수 없는 부담을 지고 있었다.

*** 중국의 참여는 아시아 국가의 참여 없이 내린 어떠한 결정도 보편적 설득력이 떨어질 것이라는 정치적인 고려가 작용했다. Wei Tao Ming to Cordell Hull, 3 June 1944, transmitting text of the letter from Chiang Kai Shek to Franklin Roosevelt in United States, Department of State, FRUS, 1944 1:640.

'평화와 인권헌장' peace and a charter with human rights은 새 시대의 구호가 되었고, 인권과 평화는 동반자가 되었다. 유엔헌장에는 이러한 새 시대의 이념이 각인되었다. 1945년 4월, 유엔헌장을 제정하기 위해 모인 샌프란시스코의 오페라 하우스 안은 유례없는 낙관적인 분위기와 함께 무거운 책임의식이 지배했다. 작업에 동원된 각국의 정부, 민간단체, 전문가가 무수했다. 6월 26일, 2개월여의 작업 끝에 완성된 문서에 맨 먼저 중국 대표 웰링턴 쿠가 먹물을 듬뿍 찍어 붓으로 서명했고, 이어서 각국 대표들의 서명이 따랐다. 유엔헌장이 탄생한 것이다. 전문의 첫 문장이 새로운 시대의 도래를 알린다. "우리들 세계 인민은 일생 중 두 차례나 인류에게 더할 수 없는 슬픔을 안겨 준 전쟁의 불행을 뒤로하고 우리들의 후손을 구하기 위해 기본적 인권, 인간의 존엄과 가치, 남녀와 대소 각국의 평등에 대한 신념을 재확인하며 정의와 조약 및 기타 국제법의 연원으로부터 발생하는 의무에 대한 존

**** 중국 대표 웰링턴 쿠(Wellington Koo. 중국명: Gu Weijun, 顧維鈞, 1887~1985)는 새로 창설될 기구의 헌장은 "국제적 보편성을 보유하고 사회복지의 구현을 위해 진력할 것이며, 민족의 자결권을 존중하고 모든 국가와 인종의 평등함을 지지한다"라는 문구를 담을 것을 제안했다. 그러나 '인권'이란 용어를 담는 어떤 조항도 배제해야 한다는 것이 강대국 대표들의 입장이었다. 처칠은 덤바턴 오크스 회담은 큰 그림을 그리는 원칙을 천명한 것일 뿐, 특정 국가에 대해 구체적인 의무를 부과할 수는 없다고 합의했다. 아직 식민지를 보유하고 있고, 장래에도 보유할 의사가 분명한 강대국들의 입장에서는 결코 수용할 수가 없었을 것이다. 그러나 이들 전승 강대국들도 시대적 대세와 명분을 외면할 수는 없었다. Tentative Chinese Proposals for a General International Organization, 23 August 1944 1:718 in United States, Department of State, FRUS, 1944 1:640.

중이 계속 유지될 수 있는 조건을 확립하고, 더 많은 자유 속에서 사회적 진보와 생활 수준의 향상을 촉진할 것을 결의했다. …… 그리고 이러한 목표를 달성하기 위해 구체적으로 수행해야 할 과제를 천명했다."[69]

유엔헌장은 신생국가들에게 희망의 등불이었다. 탄생과 더불어 앞다투어 국제연합에 가입한 약소국가들이 다수를 점하면서 유엔총회는 이들의 주 무대가 되었다. 때때로 자신들의 통한을 호소하고 강대국의 독주를 견제하는 결속력을 과시하기도 했다. 종전 후 즉시 결성된 '식민지 인민의 선언'The Declaration to the Colonial Peoples of the World (1945)은 마르크스의 '공산당선언' 구절을 모방했다.[70]

나치와 일본 전범에 대한 재판〔뉘른베르크(Nürnberg) 재판과 도쿄 재판〕에서는 '인도에 반하는 죄'crime against hümanity[71]의 개념이 고안되었다. 이전까지는 전쟁에 관련된 책임은 국가에 대해서만 물을 수 있을 뿐, 전쟁을 수행한 개인에 대해서는 물을 수 없다는 것이 국제법의 대원칙이었다. 그러나 "국가 책임, 법인 책임, 법의 세계에서 그런 허무맹랑한 개념은 존재하지 않는다. 모두가 사람의 짓이다"라는 수석 검사 로버트 잭슨Robert Jackson의 고발이 법리로 채택되었다. 인도에 반하는 죄, 인간성에 대한 죄를 고안한 것이야말로 국제인권법 발전에 거대한 성상이 되었고, 후일(2002) 국제형사재판소International Criminal Court를 설립하는 데 이론적 초석이 되었다.

7

세계인권선언의 탄생

1948년은 역사적인 인류의 인권헌장이 탄생한 해다. 그해 겨울 파리에서 열린 유엔총회의 주된 업무가 인권선언을 채택하는 것이었다. 12월 10일, 자정을 4분 앞둔 시점에서 총회 회장인 호주의 허버트 에바트Herbert Evatt가 표결을 선언했다. 찬성 48, 기권 8, 반대표는 없었다.* 이렇게 '세계인권선언'Universal Declaration of Human Rights이 탄생한 것이다. 3년 전, 총회의 결의에 의해 경제사회이사회Economic and Social Council 특별위원회의 지위를 부여받은 유엔 인권위원회Commission on Human Rights는 선언문의 초안 작업에 착수했다. '인류의 어머니'First

* 소련 대표는 채택을 1년 연기하자고 주장했다.

Lady of the World로 불리던 미국 대표 엘리너 루스벨트Eleanor Roosevelt를 위원장으로 18명의 세계적인 저명인사로 구성된 위원회*는 전 인류가 공유할 수 있는 인권에 관한 표현을 찾기 위해 유네스코UNESCO의 협조 아래 전 세계의 지적·영적 유산을 조사했다. 극히 다양한 문화, 종교, 정치 전통에서 공통된 인권의 표현 방식을 도출해 내는 것, 그것이 바로 인권위원회의 사명이었다. 이 과정에서 인권철학의 역사적 유산은 '좁은 서구 전통의 범위'를 벗어나 폭넓게 존재한다는 점을 강조했다.[72] 인권위원회는 기초 작업 착수 시부터 보편적 인권 관념이 18세기 유럽 계몽주의에서 기원한 서구의 발명품이라는 가정을 거부했다. 대신 위원들은 계몽주의 인권사상가들에게 영감을 불어넣어 주었던 공동선에 대한 어떤 보편적 관념을 확인하기 위해 전 세계의 위대한 종교·문화 전통을 찾아 나섰던 것이다. 이렇게 탄생한 세속적·종교적 인권 사상의 통합적 집대성 문서인 '세계인권선언'이 채택된 것이다.

"인류 가족 모든 구성원의 고유한 존엄성과 평등하고 양도할 수 없는 권리를 인정하는 것이 세계의 자유, 정의, 평화의 기초가 됨을 인정하며, …… 모든 국민들과 국가에 대한 공통의 기준으로서 본 세계인권선언을

---

* 위원들은 국가의 대표 자격으로 선임되었지만, 사실상 독립된 지위에서 활동했다. 중국의 즈앙펑춘(張彭春, Peng Chun Chang), 프랑스의 르네 카생(Rene Cassin), 레바논의 찰스 말리크(Charles Malik), 필리핀의 카를로스 로물로(Carlos Romulo) 등 석학들이 참여했다.

선포한다."

전문에 이어 30개 조문으로 구성된 선언은 제19조까지는 계몽주의 시대 투쟁의 산물인 개인의 각종 자유권(생명권, 인신의 보장, 가혹한 처우로부터의 여러 보호 조처, 법 앞의 평등 등)을 서술하고 있다. 이어 제20~26조에서는 산업혁명 시대 투쟁의 산물인 사회적·경제적 평등에 관계된 권리(사회보장, 노동 권리, 정당한 보수를 받을 권리, 노동조합을 결성할 권리, 노동 시간의 제한, 정기적인 유급 휴가, 교육을 받을 권리 등)를 다루고 있다. 선언의 제27~28조는 19세기 말에서 20세기 초 사이, 그리고 식민지 이후 시대를 통해 주창되었던 공동체적 유대 및 민족적 연대와 관련된 권리에 초점을 맞추고 있다. 프랑스 대표 르네 카생Rene Cassin(1887~1976)의 해석에 따르면 제29~30조는 세대별 인권을 구현한 것으로, 프랑스 혁명의 3대 구호인 '자유·평등·박애'를 각각 상징한다고 한다.[73] 위원장 루스벨트 여사 스스로 이 문서는 전 세계의 모든 사람에게 새로운 삶의 희망을 선사할 '인류의 대헌장'magna carta of mankind이라고 명명했다.[74]

그러나 이 선언에 대한 비판과 반대의 목소리 또한 강했다. 내용이 지나치게 불명하고 미온적이라는 비판이 있는가 하면, 정반대로 지나치게 혁명적이라는 비난도 따랐다.* 그러나 선언은 빠른 속도로 인류의 복음서로서의 지위를 확보해 나갔다. 최단 시간 내에 각종 언어로 번역되었고, 현재에 이르기까지 역사상 가장 많은 언어로 재생된 국제 문서가 되었다.**

1958년은 '아프리카의 해'Year of Africa였다. 제2차 세계대전 후

1955년까지 (오래전부터 독립국이었던 남아프리카공화국을 제하고) 단 4개의 독립국가(이집트, 에티오피아, 리비아, 나이지리아)만이 탄생했던 아프리카에 1958년 한 해 동안 17개의 새로운 독립국가가 탄생한 것이다. 이러한 추세는 다음 해에도 이어졌다. 이제 자결권right to self-determination은 핵심적인 인권이 되었다. 식민제국의 종국적인 몰락과 새로운 국가들의 탄생은 유엔의 판도를 바꾸어 놓았다. 이제 유엔총회는 아시아, 아메리카, 아프리카의 신생 약소국이 다수를 점하게 되었고, 이러한 분위기 속에 마얀마의 우탄트U Thant(1909~1974)가 사무총장(1961~1971)으로 선출된 것이다. 독실한 불교신자였던 그가 유엔의 수장이 된 것은 비백인, 비기독교 세력의 시대가 열린 것을 상징한다. 아시아-아프리카는 가장 동질성이 약한 지역 공동체다. 이제 유엔 의제를 주도하게 된 이들은 한결같이 인종 평등의 문제에 가장 큰 비중을 두었다.

1960년 3월 21일, 남아프리카공화국의 샤프빌Shaperville에서 일어난 불행한 사건이 국제인권협약의 탄생으로 이어졌다.*** 인종분리

---

* 소련은 자유권 부분에 노골적인 불만을 품고 '미국의 음모'라는 정치적 선전을 자제하지 않았으며, 미국변호사협회(ABA)는 공식 성명을 통해 이 선언은 "법 이론과 정부 이론에 혁명적인 변화를 기도하는 것으로 국가주권에 대한 심각한 장애"가 될 것이라고 경고했다. Cited in New York Times, "US Delay Urged on UN Human Rights Plan", 1 February, 1949.

** 코스타리카, 엘살바도르, 인도네시아, 요르단, 리비아, 푸에르토리코 등 신생국가들의 헌법과 법률에 문자 그대로, 또한 약간의 변용을 통해 확대, 재생되었다. 1951년에 체결된 '미일 평화협정'에는 '세계인권선언'을 준수한다는 명시적인 문구를 담았다.

apartheid 정책에 항의하는 시위대를 향한 경찰의 발포로 많은 사상자가 발생하자 유엔 안전보장이사회의 특별회의가 소집되었고, 그 결과 1963년 '인종차별철폐선언'Declaration on the Elimination of All Forms of Racial Discrimination과 1965년 '인종차별철폐협약'International Convention on the Elimination of All Forms of Racial Discrimination****의 탄생으로 이어졌다.

*** 유엔이 3월 21일을 세계인종차별철폐의 날로 지정한 역사적 연유가 바로 여기에 있다.

**** 1969년 발효.

8

자유권 규약과 사회권 규약의 탄생

'세계인권선언'은 국제사회의 타협의 산물이기도 하다. 법적 구속력이 없는 위대한 이상의 선언을 구체적인 현실 규범으로 정착시키기 위해서는 보다 체계적인 후속 작업이 요구되었다. 1966년은 유엔 인권사에 특기할 또 한 해다. 이해에 '시민적·정치적 권리에 관한 국제 규약' International Covenant on Civil and Political Rights('자유권 규약')과 '경제적·사회적·문화적 권리에 관한 국제 규약' International Covenant on Economic, Social and Cultural Rights('사회권 규약')이 탄생한 것이다. 두 규약 모두 '세계인권선언'의 조항을 충실하게 반영했다.

자유권 규약은 53개의 조문으로 구성되어 있으며, 1976년에 효력을 발생했다. 이 규약의 제1선택의정서Optional Protocol는 '개인통보제도' individual communication를 채택해 개인이 가입국 정부로부터 권리를 침해당한 경우 국내의 사법적 구제를 소진할 것을 전제로 유엔 자유권위원회Human Rights Committee에 진정을 제기할 권리를 보장했다. 제2선택의정서는 사형 폐지를 위한 노력 의무를 당사국에 부과한다. 미국을 비롯한 친 서방 국가들은 자유권 규약의 비준에 주력했으나 소련이 사실상의 종주국이었던 사회주의권에서는 자유권 규약에 대해 적대적인 태도를 취했다. 반면 사회권 규약은 소련을 위시한 사회주의 국가들이 비준한 반면, 미국은 끝내 이 규약의 당사자가 되기를 거부한 예외적인 나라로 남아 있다. 포괄적인 내용의 양대 규약 외에 여성, 아동, 고문 방지, 노동, 인종, 장애 등 세부 주제에 관련된 각종 국제조약이 탄생했고, 이들 국제조약의 국내 이행을 모니터하는 각각의 위원회가 활동하고 있다.*

유럽인권협약European Convention on Human Rights의 탄생과 협약의 이행감시기구로서 유럽인권위원회European Commission of Human Rights와 유럽인권재판소European Court of Human Rights를 설립한 것은 특기할 사건이다. 각국이 자국의 사법 주권을 양보한 결과 특정 개인이나 NGO가 국가를 상대로 이 재판소에 제소할 수 있고, 인권 침해 판결이 나면 이 판결에 따라 해당 국가는 법을 수정하거나 기타 각종 조치를 취할 의무를 부담한다. 유럽에 이어 아메리카[75]와 아프리카[76]에서도 지역인권기구가 탄생했다. 아시아에서는 아세안ASEAN(동남아시아국가연합)들 사이에 지역인권헌장이 결실을 보았다.**

국제연합 창설과 함께 1945년에 설립된 국제사법재판소International Court of Justice가 국가를 당사자로 하는 분쟁을 관장한다. 그러나 국제법상의 '보편적 관할권' universal jurisdiction을 근거로 개인이 자행한 특정 국가 내에서의 대량, 집단적 잔혹 행위에 대한 형사 책임을 추궁하는 법원을 설립한 것은 최근의 일이다. 르완다 국제형사재판소 International Criminal Tribunal for Rwanda와 구 유고슬라비아 국제형사재판소 International Criminal Tribunal for the Former Yugoslavia 같은 전범 재판소가 설립되어 과거의 잔혹 행위에 대한 심판 절차가 진행되고 있다. 국제

---

* 현재까지 발효된 주요 국제인권조약에는 자유권 규약, 사회권 규약, 여성차별철폐협약(Convention on the Elimination of All Forms of Discrimination against Women), 아동권리협약(Convention on the Rights of the Child), 고문방지협약(Convention against Torture and Other Cruel, Inhuman or Degrading Treatment or Punishment), 인종차별철폐협약, 이주노동자권리협약(International Convention on the Protection of the Rights of All Migrant Workers and Members of Their Families), 장애인권리협약(Convention on the Rights of Persons with Disabilities)이 있으며, 각 조약에 해당하는 조약위원회가 각기 정해진 회기에 소집된다. 각 조약위원회는 해당 조약에 가입한 당사국이 제출한 보고서를 토대로 해당 국가의 인권 상황과 조약의 국내적 이행 여부를 검토하고 권고안을 제시한다. 또한 인권 조약의 해석과 이행에 가이드라인이 되는 일반 논평(General Comments)을 발표한다. 자유권 규약 위원회, 여성차별철폐협약 위원회, 고문방지협약 위원회, 인종차별철폐협약 위원회는 개인통보제도(individual communications)를 통해 인권침해에 관한 개인의 진정을 심사하기도 한다. 대한민국은 2008년 12월 11일 장애인권리협약에 가입했으며, 이로써 우리나라는 이주노동자권리협약을 제외한 모든 조약에 가입한 당사국이 되었다.

** 2007년 11월 20일 싱가포르에서 개최된 제13차 아세안 정상회의에서 아세안헌장(The ASEAN Charter)이 채택되었다. 10개국으로 결성된 아세안 지역의 안보, 평화, 번영, 민주주의, 인권, 기본적 자유, 법치주의, 굿 거버넌스(good governance)를 골자로 한 헌장은 특히 아세안인권기구의 설립을 명문화하고 있다. 현재 아세안은 2009년 12월 창설을 목표로 아세안인권기구의 권한과 업무(terms of reference)에 관해 검토 중에 있다.
(The ASEAN Charter http://www.aseansec.org/ASEAN-Charter.pdf)

형사재판소 설립을 위한 '로마 조약'Rome Statute of the International Criminal Court이 채 4년도 걸리지 않아 효력을 발생해 2002년 4월, 국제형사재판소가 설립되었다. 이제 국적에 관계없이 국제인권법을 위반한 개인에 대해 법적 책임을 물을 수 있는 영구적인 사법기관이 탄생한 것이다. 전쟁 범죄, 집단 학살 등 가장 중한 인권 유린에 대해 개인의 책임을 추궁할 제도가 마련되었다.*

---

* 중국, 이라크, 미국은 아직 이 조약에 가입하지 않았다. 특히 유고슬라비아와 르완다에서의 '인종 청소'(ethnic cleansing) 범죄를 다룰 특별법원을 설립하는 데 주도적인 역할을 했던 미국이 불참했다. 2002년 5월, 미국 정부는 로마 조약에 서명, 비준할 의도가 없음을 천명함으로써 국제사회의 비난의 대상이 되고 있다. 미국의 참여 거부로 국제형사재판소는 행여나 국제연맹의 전철을 밟지나 않을까 하는 우려가 있지만, 칠레의 독재자 아우구스토 피노체트(Augusto Pinochet)를 체포함으로써 결정적인 탄력을 받았다. 안경환, 「피노체트 이후의 칠레」, 『공익과 인권』 제3호(서울대학교 공익인권법연구센터, 2005).

9

국가인권위원회의 설립

1989년, 세계 정치사의 판도에 근본적인 변화가 일어났다. 베를린 장벽의 붕괴는 오랫동안 지속되어 오던 동서 냉전체제의 종식을 의미한다. 구소련의 해체와 연이은 동구권의 몰락은 자유권과 사회권으로 나누어져 있던 세계 인권 지도를 하나로 통합한 근본적인 변화다. 이제 대세는 자유주의와 시장경제 체제를 지향하는 서방 세계의 인권 기준이 보편적인 기준으로 수용되고, 자유와 평등 이상의 조화 문제는 자유주의체제 내에서 사회권 실현의 문제로 압축되었다.

1993년, 171개국의 정부 · 시민단체 · 전문가들이 참여한 가운데 비엔나에서 열린 비엔나 인권회의Vienna Conference on Human Rights는 인권을 국제사회의 가장 중요한 의제로 삼아야 한다는 세계인권선언의 정신을 재확인하고 인권 증진을 위한 구체적인 행동계획Vienna Declaration and Program me of Action을 선포했으며,[77] 유엔총회는 결의로 이를 채택했다. 채택된 결의안 중에 회원국으로 하여금 국가인권기구National Human Rights Institution를 설립할 것을 권고하는 권고안과 설립 시 준수할 요건을 규정한 '파리원칙'Paris Principles이 포함되어 있다.* 우리나라의 국가인권위원회는 2001년에 파리원칙에 부합하는 독립기관으로 설립되어 국가기관에 의한 인권 침해와 차별 해소, 국제인권규범의 국내 이행에 앞장서서 일하고 있다.[78] 2008년 5월 현재 약 110개국의 유엔 회원국에 국가인권위원회가 설립되어 전 세계 국가인권기구의 협의체인 국제조정위원회International Coordinating Committee of National Human Rights Institutions가 구성되어 있고, 자체 심사에 의해 자격이 부여되는 신규 회원국이 해마다 늘어나고 있다.** 2006년 유엔 인권이사회Human Rights Council 체제의 출범과 함께 국가인권위원회의 역할이 더욱 가중되고 있다.

---

* 파리원칙의 핵심적인 내용은 첫째, 헌법 또는 법률에 근거해서 설립되고 (입법·사법·행정부로부터) 독립성이 보장될 것, 둘째 관할권이 광범할 것의 두 가지 요건으로 압축할 수 있다.

** 우리나라는 2001년 11월, 국가인권위원회법이 국회를 통과함으로써 설립되었다.

10

인권이사회 체제의 출범

유엔 체제에서 인권에 관한 국제적 논의의 장은 유엔 경제사회이사회ECOSOC의 부속 기구였던 인권위원회가 맡고 있었다. 인권위원회는 '세계인권선언'을 탄생시켜 보편적 인권의 개념을 확산시키고 여러 권리에 대한 국제적 기준을 확립했으며, 정부 대표들이 주도하던 공론의 장에 시민사회 및 NGO의 참여를 확대시키는 등 반세기 동안 국제 인권 보장 체계의 발전을 이끌어 왔다.

그러나 '보편적 인권'을 위시한 유엔 인권위원회는 회원국들의 이해관계에 얽매어 아프리카, 동유럽 등지에서 민족 분쟁으로 야기된 대량 학살 및 대규모 난민 발생 등 긴급한 국제적 대처를 요하는 문제를 방관하거나 늑장 대응해 사태의 심각성을 고조시키고, 문제를 해결하는 데 있어 정치성politicization과 선별성selectivity을 드러내기도 했

안경환

다. 1년에 단 한 차례 정기 회기를 연다는 점 또한 심각한 인권 유린 상황에 대한 국제사회의 발 빠른 대응을 힘들게 했다.

인권위원회에 대한 이러한 비판과 더불어, 스위스를 비롯한 유엔 회원국들은 유엔총회 · 안전보장이사회 · 경제사회이사회 등과 같이 유엔의 주요 기구principal organ와 같은 지위를 갖는 또는 유엔총회 산하의 격상된, 인권을 전문으로 하는 비중 있는 기구의 필요성을 제기하기 시작했다. 또한 유엔 조직 내에서의 인권 업무의 중요성을 강조해 오던 코피 아난Kofi Annan 전 유엔 사무총장은 유엔 개혁에 관한 그의 보고서 「In Larger Freedom」(2005)에서 "우리는 안전security 없이 개발development을 누릴 수 없고 개발 없이는 안전을 향유할 수 없으며, 인권을 존중하지 않고는 이 둘을 누릴 수 없다"며 유엔 개혁안의 일환으로 유엔 인권위원회를 인권이사회Human Rights Council로 승격시키는 방안을 제시했다.[79] 이후 각국 대표 정상회의와 NGO, 국가인권기구들과 수차례의 협의 과정을 거쳐 인권이사회 설립 결의안 초안이 마련되었고, 유엔 인권이사회 설립 결의안(A/RES/60/251)이 2006년 3월 15일 유엔총회에서 찬성 170표, 반대 4표(미국 · 이스라엘 · 마셜제도 · 팔라우), 기권 3표(베네수엘라 · 이란 · 벨라루스)로 통과되었다. 따라서 2006년 6월 16일 인권위원회는 제62차 정기 회의를 마지막으로 종료되었다.

인권이사회의 설립은 회원국들의 인권 신장과 보호를 효과적으로 모니터링하기 위한 제도의 발전을 가져올 것으로 기대되고 있다. 루이스 아버Louise Arbour 유엔 인권고등판무관은 인권이사회 설립에 대해 "인류의 인권 신장과 보호를 증진시키기 위한 역사적인 기회"라고 환영하면서, 기존 유엔 인권위원회의 독립적 인권 조사관independent investigators 제도와 시민사회의 폭넓은 참여를 유지하고, 더불어 개별 회원국의 인권 상황을 정기적으로 심사하는 국가별 정례검토제도Universal Periodic Review of human rights records를 도입함으로써 인류의 인권에 더 크게 기여할 것이라고 말했다.[80] 휴먼 라이츠 워치Human Rights Watch, 국제사면위원회Amnesty International를 비롯한 인권 단체들 또한 "인권 침해 피해자의 보호와 구제를 위한 중대한 진보"라면서 인권이사회의 설립을 환영했다.[81]

인권이사회 설립 결의안을 살펴보면, 이사회 회원국은 심각한 인권 유린 상황에 신속하고 효과적으로 대응하고 유엔 내 인권의 주류화mainstreaming를 이끌기 위한 목적에서 유엔 인권이사회는 기존의 유엔 인권위원회를 대체하는 것이며, 높은 인권 기준을 준수하는 국가들만이 이사회 회원국(47개국)으로 인정될 자격을 부여받는다. 또한 해당국 혹은 해당 인권 이슈에 대한 사태 조사를 위해 인권위원회가 고안한 특별 절차 및 인권특별보고관제도Special Rapporteur의 효용성을 인식하고 이를 유지하도록 한 반면, 전신인 인권위원회가 비판받아 온 결점을 극복하기 위해 제도적인 개선책을 세웠다. 바람직한 인권 기록을 지닌 국가들만을 회원국으로 선출할 수 있도록 회원국의 수를 47개국으로 제한하고, 회원국에서 심각한 인권 유린이 일어나고 있음이 발견될 경우 이사회 회원국 3분의 2의 찬성으로 해당 국가의 회원국 자격을 박탈할 수 있는 조항을 두고 있다. 또한 인권위원회보다 상시적·장기적으로 회의를 열어 유엔의 인권 모니터링 시스템을 향상시키고 긴급한 인권 침해 사태에 신속하게 대응, 대처하고자 한다.

특히 주목할 부분은 국가별 정례검토제도Universal Periodic Review의 도입이다. UPR은 각 유엔 회원국이 인권 의무와 의지를 충실히 이행하고 있는지 여부를 객관적이고 신뢰할 수 있는 정보를 바탕으로 보편적이고 평등한 방식을 통해 종합적·정기적으로 검토하는 제도다. 인권위원회 체제 아래서 각국의 인권 상황이 전문가 패널에 의해 모니터링되었다면 UPR은 '동료에 의한 모니터링'peer review system, 즉 한 회원국의 인권 상황이 타 회원국들에 의해 종합적으로 모니터링되는 것이다. 그만큼 검토를 받는 국가나 검토를 하는 국가나 자국의 인권 상황에 대한 책임의식을 다하도록 요구된다는 점에서 이 제도의 도입은 획기적이다. 인권이사회는 2008년을 시작으로 4년간 192개국의 인권 상황을 검토한다는 계획을 세우고 있다.

한국은 2008년 5월 7일, 제1차 정례 검토를 마쳤다. 회원국들과의 상호 대화[82]에서 33개국 정부 대표들이 한국의 인권 상황에 대해 발언을 했는데, 이들 대부분은 대한민국의 종합적인 국가 보고서 및 최근 국내 인권 상황의 향상을 높이 사고, 2001년 국가인권위원회의 설립과 인권종합정책계획 수립을 환영하며 대한민국이 인권 이슈에 관해 의견을 교환할 준비가 된 것과 국가 보고서 준비 과정에 시민사회가 광범위하게 참여한 것을 긍정적으로 평가했다. 그러나 인도네시아, 파키스탄, 터기, 알제리, 필리핀 등은 이주 노동자 권리에 관한 국제협약의 가입을 촉구했고,* '외국인 처우에 관한 기본법'이 외국인에 대한 차별에 적절히 대처하고 있는지, 고용허가제가 대한민국과 양해각서MOU를 체결하지 않은 국가 출신의 노동자를 차별하는 데 사용되는지 여부에 관해 질문했으며, '외국인 근로자의 고용 등에 관한 법률'을 수호하기 위해 노력할 것을 권고했다. 또한 프랑스, 벨기에, 네덜란드, 호주는 사형제 폐지를, 캐나다는 아동과 여성의 실질적 권리 향상을 위한 노력을, 브라질 등은 장애인권리협약 등 대한민국이 비준하지 않은 핵심 인권 조약의 비준을 촉구했다. 또한 미국은 국가보안법에 의한 정치적·시민적 자유 침해에 우려를 표명했다.

지난 3년간 인권이사회는 자신의 운영체계 구축과 함께 전 세계에서 발발하는 인권 위기 상황에 대한 대처 방안을 논의하기 위해 6차례 특별 회기를 여는 등 전신인 인권위원회의 전철을 밟지 않고자 하는 국제사회의 의지를 다지고 있다. 인권이사회 설립 후 특별 회기에서 처음 만장일치로 수단 다푸르Darfur 지역 유혈 분쟁 사태 수습을 위한 결의안이 통과된 사실 등은 인권이사회의 향후 활동에 기대감을 더한다.[83] 그러나 여전히 결의안을 이행하는 데 있어 당사국의 비협조, 권고안에 대한 후속 조치follow-up를 강행할 수 있는 제도적 장치가 미약하다는 점은 고질적인 문제로 남아 있다. 또한 기대가 큰 시민사회와 정부 대표로부터 '인권의 정치화'를 답습하는 양상이 나타난다는 우려의 목소리 또한 흘러나오고 있다.

---

* 대한민국은 2008년 5월까지 시민적·정치적 권리에 관한 국제 규약, 경제적·사회적·문화적 권리에 관한 국제 규약, 여성차별철폐협약, 인종차별철폐협약, 아동권리협약, 고문방지조약을 비준했으며, 이주노동자권리협약 및 장애인권리협약에는 가입하지 않았다.

11

맺는 말

"자유를 향해 먼 길을 걸어왔다. 그러나 산 위에 올라 보니 눈앞에 또 다른 산들이 첩첩이 싸여 있는 것을 본다. 산마루에서 잠시 쉬면서 주위를 돌아보고, 걸어온 감감한 길을 되돌아본다. 잠시밖에 쉴 시간이 없다. 내 갈 길이 아직 멀기 때문이다."

— 넬슨 만델라(Nelson Mandela)

인권에는 마침표가 없다. 인권의 길은 종착역이 아니라 끊임없이 밟아야 할 노정이다. 인권의 보장과 실현의 주된 책임은 공권력을 보유한 국가에게 부여되어 있다. 그러나 궁극적인 책임은 모든 구성원의 몫이다. 국가, 단체, 개인, 그 누구도 인권 문제의 국외자가 아니다. 흔히 인권은 국가의 공권력과 대립, 충돌한다. 특정 정권의 정치철학이나 이해관계에 따라 부침을 거듭하는 것이 인권의 길이기도 하다. 그러나 "정권은 짧고 인권은 영원하다"라는 말이 있듯이, 장기적인 관점에서 볼 때 인류사는 곧바로 인권 증진의 역사였다는 사실은 여전히 기대와 희망을 버릴 수 없는 까닭이다. 또한 세계화와 과학기술의 발달로 세계에는 더이상 '변경'이나 은둔처가 존재할 수 없게 되었다. 특정 국가 안에서 일어나는 심각한 인권 유린은 조만간에 세계인의 관심사가 되고, 인류의 양심과 상식이 국적·종교·성별·연령을 불문하고 모든 인간이 인간답게 살 수 있는 세상을 향해 나아가는 인권의 대장정을 인도하는 것이다.

주

1 이 장의 논의 전개 방식과 문헌은 기본적으로 Paul Gordon Lauren, *The Evolution of International Human Rights–Visions Seen* 2nd (University of Pennsylvania Press, 2003)에 의존했다.

2 위의 책, 5쪽.

3 Kana Mitra, "Human Rights in Hinduism", in Arlene Swidler (ed.), *Human Rights in Religious Traditions* (New York: Pilgrimage, 1982).

4 The Laws of Manu. www.newadvent.org/cathen/09613a.htm

5 간디, 박선경·박현석 역, 『간디 자서전』(동해출판, 2007).

6 John S. Strong, *The Experience of Buddhism: Sources and Interpretations* (Calif.: Wadsworth Publishing Company, 1995), 191~193쪽.

7 Micheline Ishay, *The History of Human Rights: From Ancient Times to the Globalization Era* (Berkeley: University of California Press, 2004); 미셜린 이샤이, 조효제 역, 『세계인권사상사』(길, 2005), 76~77쪽.

8 "*Mahavastu*" in John S. Strong, *The Experience of Buddhism: Sources and Interpretations* (Belmont, Calif.: Wadsworth Publishing Company, 1995), 33쪽.

9 *Confucianism and Human Rights*, eds. Wm. Theodore de Bray and Tu Weiming (Columbia University Press, 1998).

10 『논어』 제20편 「요왈」(堯曰) 2절: "子張問於孔子曰; 何如斯可以從政矣? 子曰; 尊五美 屛四惡 斯可以從政矣. 子張曰; 何謂五美? 子曰; 君子惠而不費, 勞而不怨, 欲而不貪, 泰而不驕, 威而不猛. 子張曰; 何謂四惡? 子曰; 不敎而殺謂之虐, 不戒視成謂之暴, 慢令致期謂之賊, 猶之與人也, 出納之吝, 謂之有司."

11 Norman Bentwich, *The Religious Foundations of Internationalism: A Study of International Relations through the Ages* (New York: Bloch Publishing, 1959), 196쪽.

12 성백효 역주, 『孟子集註』(전통문화연구회, 2005).

13 김학주 역, 『신완역 墨子』(명문당, 2003). 제4편(法儀), 제14편(兼愛 상), 제15편(兼愛 중), 제16편(兼愛 하), 제26편(天志 상), 제27편(天志 중), 제28편(天志 하).

14 같은 책, 12쪽.

15 Riffat Hassan, "On Human Rights & Qur'anic Perspective", in Arelene Swindler, *Human Rights in Religious Tradition* (New York: Pilgrimage, 1982), 51~65쪽.

16 Michael Perry, *The Idea of Human Rights: Four Inquiries* (Oxford: Oxford University Press, 1998), 11~41쪽.

17 Mohandas Gandhi as cited in UNESCO, *The Birthright of Man* (UNESCO Paris, 1969); Robert Traer, *Faith in Human Rights: Support in Religious Traditions for a Global Struggle* (Washington, D. C.: Georgetown University Press, 1991), 187쪽.

18 2009 특집 「종교와 인권」, 『인권이론과 실천』 제4호(영남대학교 인권교육연구센터), 3~68쪽; 박홍규, 「종교와 인권: 시대적 해석과 현대적 해석」, 55~68쪽.

19 Bertrand G. Ramcharan, *Contemporary Human Rights Ideas* (Routledge, 2008).

20 Code of Hammurabi Code. www.wsu.edu/~dee/MESO/CODE.HTM

21 Apastamba-Dharmasutra II, B. C. 450~350, as cited in UNESCO, *The Birthright of Man*, 94쪽.

22 The Edicts of King Ashoka. www.cs.colostate.edu/~malaiya/ashoka.html

23 Pampa, as cited in UNESCO, *The Birthright of Man*, 189쪽.

24 Paul Gordon Lauren, 앞의 책, 11쪽.

25 Asmarom Legesse, "Human Rights in African Political Culture", in Kenneth W. Thompson (ed.), *The Moral Imperatives of Human Rights: A World Survey* (Washington D. C.: University Press of America, 1980), 23~38쪽.

26 안경환, 『법과 문학 사이』(까치, 1995), 190~192쪽.

27 Cicero, *De Legibus*, trans. *Clinton Walker Keyes*, *Loeb Classical Library* (London,

New York: Putnam, 1928).

28 *Justinian's Institutes*, trans. *Peter Birks and Grant McLeod* (Ithaca, NY: Cornell University Press, 1987), 37쪽.

29 아이버 제니스 경, 안경환·이동민 역, 「마그타 카르타와 그 영향」, 『저스티스』 제27권 2호(1994), 133~176쪽.

30 Lauren, 앞의 책, 13쪽.

31 Christine de Pizan, *The Book of the City of Ladies* (1405), trans. Earl Richards (New York: Persea Books, 1998).

32 Jan Hus, as cited in H. Gordon Skilling, Chapter 77 & Human Rights in Czechoslovakia (London: Allen & Unwin, 1981).

33 Erasmus of Rotterdam, as cited in Mark Kishlansky et. al, *Civilization in the West* (New York: HarperCollins, 1995), 392쪽.

34 『명이대방록』(明夷待訪錄, Waiting for the Dawn). 그의 사상은 후일 중국의 인권 운동에 중요한 정신적 자산이 되었다.

Peter Zarrow, "Citizenship and Human Rights in Early Twentieth Century Chinese Thought", in William T. de Bary and Tu Weiming (eds.), *Confucianism and Human Rights* (New York: Columbia University Press, 1998), 209~233쪽.

35 G. E. Aylmer, *The Struggle for the Constitution* (London: Blandford, 1975), 132~136쪽.

36 Treatise on Tolerance (1763).

37 안경환, 「미국 독립선언서 주석」, 『국제지역연구』 제10권 2호(서울대학교 국제지역원, 2001), 103~126쪽.

38 1791년 프랑스 헌법 Title 1.

39 D'eclaration des droits de la femme et de la citoyenne, 1791 in Olympe de Gouges (Paris: Mercure de France, 1988), 99~112쪽.

40 Lauren, 앞의 책, 18쪽.

41 Thomas Paine, *The Rights of Man* (1791) (New York: Heritage Press, 1961), 18쪽.

42 Bartolomé de Las Casas, *In the Defense of Indians*, trans. and ed. Stafford Poole (Dekalb: Northern Illinois University Press, 1974), 362쪽.

43 Michael Haas, *International Human Rights: A Comprehensive Introduction* Ch 11 (Routledge, 2008).

44 James MacGregor Burns and Stewart Burns, *The Pursuit of Rights in America* (New York: Knopf, 1991), 71쪽; John Keane, *Tom Paine: A Political Life* (Boston: Little Brown, 1955), 335~336쪽.

45 E. Burke, *Reflections on the Revolution in France* (1790) (Chicago: Regnery, 1955), 64쪽.

46 Jean Bodin, *Les Six livres de la Republique* Vol. 6 (1576) 〔*Six Books of the Commonwealth* (English translation)〕. http://www.constitution.org/bodin/bodin_htm

47 Society for the Abolition of Slave Trade (1787).

48 Paolo G. Carozza, From Conquest to Constitutions: Retrieving a Latin American Tradition of the Idea of Human Rights, 25 *Human Rights Quarterly* 281 (2003).

49 주경철, 『대항해시대』(서울대학교출판부, 2008).

50 International Conference on Red Cross Societies as cited in Cecil Woodham-Smith, *Florence Nightingale 1820-1910* (London : Constable, 1950), 592쪽.

51 J. Henry Dunant, *A Memory of Solferino* (Washington, D. C.: The American Red Cross, 1939).

52 현대적 관점에서 이 주제에 대한 논의로는 Humanitarian Intervention: Ethical, Legal and Political Dilemma, eds. J. L. Holzgrefe & Robert O. Keohane (Cambridge University Press, 2003) 참조.

53 Cited in Jean Pierre Fontyene, "The Customary International Law Doctrine of

Humanitarian Intervention: Current Validity under the UN Charter", 4 *California West International Law Journal* 203 (1974).

54 Emerich de Vattel, *Le droit des gens, ou principes de la loi naturelle* (1758) (Washington, D.C.: Carnegie Books, 1916), 298쪽.

55 Hatt-i Sharif, 3 November, 1839 in Robert G. Landern, *The Emergence of the Modern Middle East* (New York: Van Nostrand Reinhold, 1970), 38~42쪽. 이러한 선언은 1856년 파리 조약의 일부로 정식 국제 조약이 되어 후임 술탄 압둘아지즈(Abdul-Aziz)를 압박했다. Peace of Paris, 30 March, 1856, Article IX in Hertslet, The Map of Europe by Treaty, 2: 1255.

56 International Convention of Constantinople, 24 May 1881 in Great Britain, *Foreign Office, Britain and Foreign State Papers 1880-1881* (London: Ridgway, 1885) 72: 382-387.

57 F. S. L. Lyons, *Internationalism in Europe* (Leyden: Sythoff, 1963), 14쪽.

58 P. S. Foner, (edt.) *W. E. B. Du Bois Speaks: Speeches and Addresses 1890-1919* (New York: Pathfinders Press, 1970), 170~171쪽.

59 Cited in Hochschild, *King Leopold's Ghost: A Story of Greed, Terror, and Heroism in Colonial Africa* (Boston: Houghton Mifflin Company, 1998), 186쪽.

60 Alfred Zimmerman, *The Third British Empire* (Oxford University Press, 1926), 28쪽.

61 V. I. Lenin, *Collective Works* (New York: International Publishers, 1929~1945) 18:367.

62 E. J. Dillon, *The Inside Story of the Peace Conference* (New York: Harper & Brothers, 1920), 6쪽.

63 Library of Congress, Manuscripts Division, Woodrow Wilson Papers, Brekenridge to Wilson 4 March 1919 as cited in Lauren, 앞의 책, 99쪽.

64 두 개의 국제협약이 탄생했다. International Convention for the Suppression of the Traffic in Women and Children (1921), International Convention for the

Suppression of Traffic in Women of Full Age (1933).

65 International Opium Convention of 1925, Convention for Limiting the Manufacture and Regulating the Distribution of Narcotic Drugs of 1931. 이 협약의 발효로 60여 나라에서 마약 거래를 감시하는 국제기구가 탄생했다.

66 Protocol for the Prohibition of the Use in War of Asphyxiating, Poisonous and Other Series 94 (1929), 65-74 Convention Relative to the Treatment of Prisoners of War, 27 July 1929, in League of Nations, Treaty Series 118 (1931 ~1932) 345-397.

67 Winston Churchill as cited in Louis Fisher, *Gandhi: His Life and Message for the World* (New York: Mentor, 1982), 103·135쪽.

68 Declaration of the United Nations, January 1, in United States, Department of State, FRUS, 1942 1:25-26.

69 Preamble. "Have Resolved to Combine Our Efforts to Accomplish These Aims …… have agreed to the present Charter of the United Nations and do hereby establish an international organization to be known as the United Nations. ……."

70 "Colonial and Subject Peoples of the World, Unite!" Herbert Lauterpacht, *International Law and Human Rights* (New York: Garland, 1973), 3~47쪽.

71 Robert Jackson, in International Military Tribunal, Trial of the Major War Criminals, 2-85-155.

72 Jacques Maritain, ed. *Human Rights: Comments and Interpretations* (New York: Columbia University Press, 1949), 260쪽.

73 미셜린 이샤이, 조효제 역, 앞의 책, 56~57쪽. "4개의 기둥 위에 세운 신전"(카생).

74 Eleanor Roosevelt, United States National Archives, RG 59, Box2258, 501 BD Human Rights 12-848.

75 American Convention on Human Rights, Inter-American Court of Human Rights.

76 The African Charter on Human and Peoples' Rights, African Commission on Human and Peoples' Rights.

77 자세히는 『93 유엔세계인권대회자료집』(유엔세계인권대회를 위한 민간단체공동대책위원회, 1994).

78 자세히는 박찬운, 『인권법』(한울아카데미, 2008), 267~277쪽.

79 Report of the Secretary-General. *In Larger Freedom: Towards Security, Development and Human Rights for All* (A/59/2005). Released on 21 March 2005.

80 *High Commissioner for Human Rights Salutes Creation of Human Rights Council*, United Nations Press Release, Released on 15 March 2006. http://www.unhchr.ch/huricane/huricane.nsf/view01/335B04BC437FC02FC1257133002DC229?opendocument

81 *U. N.: New Rights Council Offers Hope for Victims*, Human Rights Watch Press Release, Released on 15 March 2006. http://hrw.org/english/docs/2006/03/15/global12991.htm; *United Nations makes welcome first step in human rights reform*, Amnesty International Press Release. Released on 15 March 2006. http://web.amnesty.org/pages/un-index-eng

82 Draft Report of the Working Group on the Universal Periodic Review: Republic of Korea (A/HRC/WG.6/2/L.6) Released on 9 May 2008.

83 Luis Alfonso de Alba, "Reviewing the Process: Challenges in the Creation of the Human Rights Council", in *The First 365 Days of the United Nations Human Rights Council*, ed. by Lars Muller (Swiss Federal Department of Foreign Affairs, 2007), 51~52쪽.

참고문헌

1장

· 김남두, 「문명의 텍스트로 읽는 '국가'」, 석학과 함께하는 인문강좌 시리즈 02, 학술진흥재단.
· 박영철, 「獬豸考: 中國에 있어서의 神判의 向方」, 『동양사학연구』(東洋史學硏究) 제61집, 1998.
· 박종현, 「플라톤의 'Nomoi 연구'」, 안경환 엮음, 『플라톤의 법사상』, 서울대학교 법과대학 대학원, 2001.
· 시라카와 시즈카(白川靜), 『자통』(字通), 平凡社, 1984.
· 안경환, 「그리스 고전에 나타난 법」, 『법과 사회』 제7호, 1992.
· ______, 『법과 문학 사이』, 까치, 1995.
· ______, 「법률가를 몰살하자: 셰익스피어의 진의는?」, 『법과 사회』 제15호, 1997; Daniel J. Kornstein, *Kill All The Lawyers?: Shakespeare's Legal Appeal*, Princeton University Press, 1994.
· ______, 「햄릿과 살인죄」, 『사법행정』, 1992년 4·5월 호.
· ______, 「21세기 기본권과 인간상」, 『헌법학연구』 5-2, 한국헌법학회, 1999.
· ______, 「21세기 한국법학의 지향 목표」, 『서울대학교 법학』 47-4, 서울대학교 법학연구소, 2006.
· 이근식, 『상생적 자유주의: 자유, 평등, 상생과 사회발전』, 석학人文강좌 02, 돌베개, 2009.
· 이기동 역해, 『서경강설』, 성균관대학교출판부, 2007.
· 이춘식, 『춘추전국시대의 법치사상과 세(勢), 술(術)』(대우학술총서 543), 아카넷, 2002.
· 최민홍, 『플라톤전집: 소크라테스의 대화』, 상서각, 1973.
· 최종고, 『정의의 상을 찾아서』, 서울대학교출판부, 1994.
· 한비, 김원중 역, 『한비자: 공명정대한 법치 리더십의 고전』, 현암사, 2003.

· Albert W. Alschuler, *Law Without Values: The Life, Work and Legacy of Justice Holmes*, University of Chicago Press, 2000; 앨버트 앨슐러, 최봉철 역, 『미국법의 사이비 영웅 홈즈 평전』, 청림출판, 2008.
· Adam Smith, *The Theory of Moral Sentiments*, D. D. Raphael and A. L. Macfie (eds.), The Glasgow Edition of the Works and Corres-pondence of Adam Smith, Oxford University Press, 1976; 아담 스미스, 박세일·민경국 역, 『도덕감정론』, 비봉출판사, 1996.
· Alexis de Tocqueville, *Democracy in America* (1861), trans. George Lawrence, ed. J. P. Mayer, Doubleday & Company, Inc., 1969.
· Ambrose Bierce, *Devil' s Dictionary*, Oxford University Press, 1999.
· Driver, G. R. and Miles, J. C., *The Babylonian Laws*, The Clarendon Press, 1955.
· Micheline Ishay, *The History of Human Rights: From Ancient Times to the Globalization Era*, University of California Press, 2004; 미셸린 이샤이, 조효제 역, 『세계인권사상사』, 길, 2005.
· Lawrence M. Friedman, *A History of American Law*, 3d ed., Simon & Schuster, 2005; 로렌스 M. 프리드만, 안경환 역, 『미국법의 역사』, 청림출판, 2006.
· Oliver Wendell Holmes, Jr., "The Path of the Law", 10 *Harvard Law Review* 457, 1897.
· P. J. Rhodes, *A Commentary on the Aristotelian Athenaion Politeia*, Oxford University Press, 1993.
· Ronald Dworkin, *Taking Rights Seriously*, General Duckworth & Co., 1977.
· Seymour Martin Lipset, *American Exceptionalism: A Double-Edged Sword*, W. W. Norton, 1996; 세이무어 마틴 립셋, 문지영 등 역, 『미국 예외주의』, 후마니타스, 2006.

2장

· 김효전, 「헌법개념의 역사적 전개 (I)」, 『헌법학연구』 제14권 1호, 한국헌법학회, 2008.

· 신우철, 「근대 입헌주의 수용의 비교헌법사」, 『법과 사회』 제33호, 법과사회이론학회, 2007.
· 안경환, 「과학기술과 인권」, 『과학기술과 법』, 박영사, 2007.
· _____, 「미국 독립선언서 주석」, 『국제지역연구』 제10권 2호, 서울대학교 국제지역원, 2001.
· _____, 「법률가를 몰살하자: 셰익스피어의 진의는?」, 『법과 사회』 제15호, 1997; Daniel J. Kornstein, *Kill All The Lawyers?: Shakespeare's Legal Appeal*, Princeton University Press, 1994.
· _____, 「선진헌법의 시대: 옛길에 새 걸음으로」, 『법과 사회』 34호, 2008.
· _____, 「수출상품으로서의 미국 헌법」, 『현대 공법학의 과제』, 청담 최송화 교수 화갑기념 논문집, 2002.
· _____, 「헌정 50년과 자유와 평등의 이념」, 『법학』 제39권 4호, 서울대학교 법학연구소, 1998.
· _____, 「21세기 기본권과 인간상」, 『헌법학연구』 5-2, 한국헌법학회, 1999.
· 안경환 · 이동민, 「대중문화에 나타난 시민종교의 원리: 스미스 씨 워싱턴에 가다」(Mr. Smith Goes to Washington), 『목촌 김도창 박사 팔순기념 논문집』, 박영사, 2001.
· 에밀 뒤르켐, 노치준 · 민혜숙 역, 『종교생활의 원초적 형태』, 민영사, 1992.
· 장영수, 『기본권론』, 홍문사, 2003.
· 장 자크 루소, 박은수 역, 『사회계약론 외』, 인폴리오, 1998.
· 정종섭, 『헌법학원론』, 박영사, 2006.
· 조효제, 『인권의 문법』, 후마니타스, 2007.
· 최정인, 「드워킨의 연쇄소설 개념에 관한 연구: 법과 문학의 관점에서」, 서울대학교 법과대학 석사 논문, 2006.
· 최장집, 『민중에서 시민으로: 한국 민주주의를 이해하는 하나의 방법』, 석학人文강좌 04, 돌베개, 2009.

· A. J. Liebling, *The Press* 2nd rev. ed., Pantheon, 1975.
· Alexis de Tocquerville, *Democracy in America* (1861), trans. George Lawrence, ed. J.

P. Mayer, Doubleday & Company, Inc., 1969.

· Benjamin N. Cardozo, *The Nature of the Judicial Process*, Yale University Press, 1921.

· Bryan S. Turner, "Outline of a Theory of Citizenship", in Bryan S. Turner & Peter Hamilton eds., *Citizenship: Critical Concepts* Vol. 1, Rutledge, 1994.

· Eibe Riedel, "The Prospects of Attainment of Economic, Social and Cultural Rights in International Society", 국가인권위원회 주최 '국제인권기준의 국내이행을 위한 초청 강연 및 세미나'(Seminar and Lecture for Domestic Implementation of International Human Rights Standards) 자료집(2008. 3. 11~12).

· ________, "Universality of Human Rights and Cultural Pluralism", in *Die Universalitat der Menschenrechte*, Duncker & Humboldt, 2003.

· Herbert J. Gans, *Democracy and the News*, Oxford University Press, 2003; 허버트 갠즈, 남재일 역, 『저널리즘, 민주주의에 약인가 독인가』, 강, 2008.

· Jacques Barzun, *From Dawn to Decadence: 1500 to the Present: 500 Years of Western Cultural Life*, Harper Collins Publishers, Inc., 2000; 자크 바전, 이희재 역, 『새벽에서 황혼까지 1500-2000 (1)』, 민음사, 2006.

· John Rawls, *A Theory of Justice*, Oxford University Press, 1978.

· Lawrence W. Beer, "The Influence of American Constitutionalism in Asia", in *American Constitutionalism Abroad: Selected Essays in Comparative Constitutional History*, Greenwood Press, 1990.

· Martha Nussbaum, *Love's Knowledge: Essays on Philosophy and Literature*, Oxford University Press, 1990.

· ____________, *Poetic Justice: The Literary Imagination and Public Life*, Beacon Press, 1996.

· Owen Fiss, "Objectivity and Interpretation", 34 *Stanford L. Rev.* 739 (1982), 742.

· Peter Western, "The Empty Idea of Equality", 95 *Harvard Law Review* 537, 1982.

· Robert N. Bellah, *The Broken Covenant: American Civil Religion in Time of Trial*, Seabury, 1975.

· Robin West, “Economic Man and Literary Woman: One Contrast”, 39 *Mercer L. Rev.* 867, 1988.
· Thomas H. Marshall, *Social Policy In the Twentieth Century*, Hutchinson University Library, 1965.
· ___________________, *Citizenship and Social Class and Other Essays*, Cambridge University Press, 1950.
· ___________________, *Sociology at the Crossroads*, Heineman, 1963.

3장

· 구해근 저, 신광영 역, 『한국 노동계급의 형성』, 창비, 2002.
· 권태준, 『한국의 세기 뛰어넘기』, 나남출판, 2006.
· 곽상진, 「헌법원리에서 본 시민운동」, 『헌법학연구』 제14권 1호, 한국헌법학회, 2008.
· 김정호, 『한국의 귀화 성씨: 성씨로 본 우리 민족의 구성』, 지식산업사, 2003.
· 박세일, 『대한민국 선진화 전략』, 21세기북스, 2006.
· 박은정 편저, 「NGO의 법률수요 실태 및 로펌의 프로보노(pro bono) 활동에 관한 조사: NGO 활동과 법률가의 역할」, 『NGO와 법의 지배』, 박영사, 2006.
· 안경환, 『법, 영화를 캐스팅하다』, 효형출판, 2007.
· ______, 『조영래 평전』, 강, 2006.
· ______, 「한국사회의 특성과 법과 인권」, 『법학연구』, 전북대학교 법학연구소, 2008.
· ______, 「21세기 한국법학의 지향 목표」, 『법학』 제47권 4호, 서울대학교 법학연구소, 2006.
· ______, 「7월 문학을 위한 제언」, 『문예운동』, 2000.
· 안경환·한인섭, 『배심제와 시민의 사법 참여』, 집문당, 2005.
· 이상희, 「과거사 청산 보고서」, 『2006 한국 인권 보고서』(민주사회를 위한 변호사 모임).
· 유엔 인종차별철폐위원회 최종 견해(Concluding Observations) UN Doc. CERD/C/KOR/CO/14 (17 August 2007).

· 이근식, 『자유와 상생: 새로운 시대정신을 찾아서』, 기파랑에크리, 2005.
· 장영수, 「관습법과 헌법적 한계: 2004헌마554」, 『헌법학연구』, 2006.
· 정수일, 『한국 속의 세계 (상) · (하)』, 창비, 2005.
· 조영래, 『전태일 평전』, 돌베개, 1998.
· 조효제, 『인권의 문법』, 후마니타스, 2007.
· 존 프랭클(John M. Frankl), 『한국문학에 나타난 외국의 의미』, 소명출판, 2008.
· 최장집, 『민중에서 시민으로: 한국 민주주의를 이해하는 하나의 방법』, 석학人文강좌 04, 돌베개, 2009.
· 한인섭, 『5 · 18 재판과 사회정의』, 경인문화사, 2006.

· Alexander Hamilton, *The Federalist Papers* No. 78, 1788.
· April Carter, *Direct Action and Democracy Today*, Polity Press, 2005; 에이프릴 카터, 조효제 역, 『직접행동』, 교양인, 2007.
· Bob Woodward & Scott Armstrong, *The Brethren: Inside the Supreme Court*, Simon and Schuster, 1979; 봅 우드워드, 안경환 역, 『판사가 나라를 잡는다』, 철학과현실사, 1995 · 『판사가 나라를 살린다』, 철학과현실사, 1996; 봅 우드워드, 안경환 역, 『지혜의 아홉기둥』, 라이프맵, 2008.
· Bruce Cummings, *Korea's Place in the Sun: A Modern History*, W. W. Norton & Co., 1997.
· Eibe Riedel, "The Prospects of Attainment of Economic, Social and Cultural Rights in International Society", 국가인권위원회 주최 '국제인권기준의 국내이행을 위한 초청 강연 및 세미나'(Seminar and Lecture for Domestic Implementation of International Human Rights Standards) 자료집(2008. 3. 11~12).
· Eibe Riedel, "Universality of Human Rights and Cultural Pluralism", in *Die Universalitat der Menschenrechte*, Duncker & Humboldt, 2003.
· Herbert J. Gans, *Democracy and the News*, Oxford University Press, 2003; 허버트 갠즈, 남재일 역, 『저널리즘, 민주주의에 약인가 독인가』, 강, 2008.

- In Sup Han, "Kwangju and Beyond: Coping with Past State Atrocities in South Korea", 27 *Human Rights Quarterly* 998.
- James Madison, *The Federalist Papers* No. 10, 1787.
- John K. Galbraith, "Corporate Democracy: Civic Disrespect", *Dissent*, Spring, 2001.
- John Rawls, *A Theory of Justice*, Oxford University Press, 1978.
- Koseki Shoichi, *The Birth of Japan' s Postwar Constitution*, Westview Press, 1997.
- Kyong Whan Ahn, "Law Reform in Korea and the Agenda of Graduate Law School", 24 *Wisconsin International Law Journal* 223, 2006.
- ________________, "The Rule of Law in South Korea: Insights into the Social Evolution during the Two Decades with the New Constitution (1987-2007)", International Symposium on Law & Democratization in S. Korea and Taiwan, University of Wisconsin Law School, 19 October 2007.
- Morton J. Horwitz, *The Transformation of American Law, 1870-1960: The Crisis of Legal Orthodoxy*, Oxford University Press, 1994.
- Paul W. Kahn, *Cultural Study of the Law*, Chicago University Press, 1997.
- "Roh Sue Lee Myung-bak for Libel", *The Korea Times*, September 6, 2007.
- Stephen Wechsler as cited in Felicia Kornbluh, *The Battle for Welfare Rights: Politics and Poverty in Modern America*, University of Pennsylvania Press, 2007.
- Tom Ginsburg, *Judicial Review in New Democracies: Constitutional Courts in Asian Cases*, Cambridge University Press, 2003.

4장

- 간디, 박선경·박현석 역, 『간디 자서전』, 동해출판, 2007.
- 김학주 역, 『신완역 墨子』, 명문당, 2003.
- 박찬운, 『인권법』, 한울아카데미, 2008.
- 성백효 역주, 『孟子集註』, 전통문화연구회, 2005.

· 안경환, 「미국 독립선언서 주석」, 『국제지역연구』 제10권 2호, 서울대학교 국제지역원, 2001.
· ______, 『법과 문학 사이』, 까치, 1995.
· ______, 「피노체트 이후의 칠레」, 『공익과 인권』 제3호, 서울대학교 공익인권법연구센터, 2005.
· 안경환 · 이동민 역, 「마그타 카르타와 그 영향」, 『저스티스』 제27권 2호, 1994.
· 주경철, 『대항해시대』, 서울대학교출판부, 2008.

· Alfred Zimmerman, *The Third British Empire*, Oxford University Press, 1926.
· Asmarom Legesse, "Human Rights in African Political Culture", in Kenneth W. Thompson (ed.), *The Moral Imperatives of Human Rights: A World Survey*, University Press of America, 1980.
· Bartolomé de Las Casas, *In the Defense of Indians,* trans. and ed. Stafford Poole, Northern Illinois University Press, 1974.
· Bertrand G. Ramcharan, *Contemporary Human Rights Ideas*, Routledge, 2008.
· Cicero, *De Legibus*, trans. *Clinton Walker Keyes*, *Loeb Classical Library*, Putnam, 1928.
· Christine de Pizan, *The Book of the City of Ladies* (1405), trans. Earl Richards, Persea Books, 1998.
· D'eclaration des droits de la femme et de la citoyenne, 1791 in Olympe de Gouges, Mercure de France, 1988.
· E. Burke, *Reflections on the Revolution in France* (1790), Regnery, 1955.
· E. J. Dillon, *The Inside Story of the Peace Conference*, Harper & Brothers, 1920.
· Emerich de Vattel, *Le droit des gens, ou principes de la loi naturelle* (1758), Carnegie Books, 1916.
· Erasmus of Rotterdam, as cited in Mark Kishlansky et. al, *Civilization in the West*, HarperCollins, 1995.
· F. S. L. Lyons, *Internationalism in Europe*, Sythoff, 1963.

· G. E. Aylmer, *The Struggle for the Constitution*, Blandford, 1975.

· Hatt-i Sharif, 3 November, 1839 in Robert G. Landern, *The Emergence of the Modern Middle East*, Van Nostrand Reinhold, 1970.

· Herbert Lauterpacht, *International Law and Human Rights*, Garland, 1973.

· Hochschild, *King Leopold' s Ghost: A Story of Greed, Terror, and Heroism in Colonial Africa*, Houghton Mifflin Company, 1998.

· International Conference on Red Cross Societies as cited in Cecil Woodham-Smith, *Florence Nightingale 1820-1910*, Constable, 1950.

· International Convention of Constantinople, 24 May 1881 in Great Britain, *Foreign Office, Britain and Foreign State Papers 1880-1881*, Ridgway, 1885.

· J. Henry Dunant, *A Memory of Solferino*, The American Red Cross, 1939.

· J. L. Holzgrefe & Robert O. Keohane eds., Humanitarian Intervention: Ethical, Legal and Political Dilemma, Cambridge University Press, 2003.

· James MacGregor Burns and Stewart Burns, *The Pursuit of Rights in America*, Knopf, 1991.

· Jan Hus, as cited in H. Gordon Skilling, Chapter 77 & Human Rights in Czechoslovakia, Allen & Unwin, 1981.

· Jacques Maritain, ed. *Human Rights: Comments and Interpretations*, Columbia University Press, 1949.

· Jean Bodin, *Les Six livres de la Republique* Vol. 6 (1576) 〔*Six Books of the Commonwealth* (English translation)〕.

· Jean Pierre Fontyene, "The Customary International Law Doctrine of Humanitarian Intervention: Current Validity under the UN Charter", 4 *California West International Law Journal* 203, 1974.

· John Keane, *Tom Paine: A Political Life*, Little Brown, 1955.

· John S. Strong, *The Experience of Buddhism: Sources and Interpretations*, Wadsworth Publishing Company, 1995.

· *Justinian's Institutes*, trans. *Peter Birks and Grant McLeod*, Cornell University Press, 1987.
· Kana Mitra, "Human Rights in Hinduism", in Arlene Swidler (ed.), *Human Rights in Religious Traditions*, Pilgrimage, 1982.
· Louis Fisher, *Gandhi: His Life and Message for the World*, Mentor, 1982.
· Luis Alfonso de Alba, "Reviewing the Process: Challenges in the Creation of the Human Rights Council", in *The First 365 Days of the United Nations Human Rights Council*, ed. by Lars Muller, Swiss Federal Department of Foreign Affairs, 2007.
· Michael Haas, *International Human Rights: A Comprehensive Introduction*, Routledge, 2008.
· Michael Perry, *The Idea of Human Rights: Four Inquiries*, Oxford University Press, 1998.
· Micheline Ishay, *The History of Human Rights: From Ancient Times to the Globalization Era*, University of California Press, 2004; 미셜린 이샤이, 조효제 역, 『세계인권사상사』, 길, 2005.
· Mohandas Gandhi as cited in UNESCO, *The Birthright of Man*, UNESCO Paris, 1969.
· New York Times, "US Delay Urged on UN Human Rights Plan", February 1, 1949.
· Norman Bentwich, *The Religious Foundations of Internationalism: A Study of International Relations through the Ages*, Bloch Publishing, 1959.
· Paolo G. Carozza, From Conquest to Constitutions: Retrieving a Latin American Tradition of the Idea of Human Rights, 25 *Human Rights Quarterly* 281, 2003.
· Paul Gordon Lauren, *The Evolution of International Human Rights: Visions Seen*, University of Pennsylvania Press, 2003.
· Peter Zarrow, "Citizenship and Human Rights in Early Twentieth Century Chinese Thought", in William T. de Barry and Tu Weiming (eds.), *Confucianism and Human Rights*, Columbia University Press, 1998.
· P. S. Foner, (edt.) *W. E. B. Du Bois Speaks: Speeches and Addresses 1890–1919*,

Pathfinders Press, 1970.

· Riffat Hassan, "On Human Rights & Qur'anic Perspective", in Arelene Swindler, *Human Rights in Religious Tradition*, Pilgrimage, 1982.

· Robert Traer, *Faith in Human Rights: Support in Religious Traditions for a Global Struggle*, Georgetown University Press, 1991.

· Theodore Meron, Common Rights on mankind in Gentili, Grotius and Suarez, 85 *American Journal of International Law* 110, 114, 1991.

· Thomas Paine, *The Rights of Man* (1791), Heritage Press, 1961.

· V. I. Lenin, *Collective Works*, International Publishers, 1929~1945.

· United Nations, Draft Report of the Working Group on the Universal Periodic Review: Republic of Korea (A/HRC/WG.6/2/L.6) Released on 9 May 2008.

· United Nations, Report of the Secretary-General. *In Larger Freedom: Towards Security, Development and Human Rights for All* (A/59/2005). Released on 21 March 2005.

· Wm. Theodore de Bray and Tu Weiming eds., *Confucianism and Human Rights*, Columbia University Press, 1998.

찾아보기

안경환